Discutindo a História

A Segunda Guerra Mundial

Antonio Pedro

18ª edição

Conforme a nova ortografia

Atual
Editora

Copyright© Antonio Pedro, 1994.

Coleção **Discutindo a História**

Coordenação: Jaime Pinsky
Editor: Henrique Félix
Assistente editorial: Shirley Gomes
Preparação de texto: Noé G. Ribeiro/Paulo Sá
Gerente de produção editorial: Cláudio Espósito Godoy
Revisão: Maria Luiza X. Souto/Maria da Penha Faria
Editoração eletrônica: Silvia Regina E. Almeida/
Virgínia S. Araújo
Chefe de arte/diagramação: Tania Ferreira de Abreu
Assistente de arte: Marcos Puntel de Oliveira/Alexandre
L. Santos/Ricardo Yorio
Produção gráfica: Antonio Cabello Q. Filho/
José Rogério L. de Simone/Maurício T. de Moraes
Projeto gráfico: Tania Ferreira de Abreu (capa)/
Marcos Puntel de Oliveira (miolo)
Capa: Paulo Manzi sobre quadro de Ivor Hele
Mapas: Sonia Vaz

18ª edição
3ª tiragem
2014

Dados Internacionais de Catalogação na Publicação (CIP)
(Câmara Brasileira do Livro, SP, Brasil)

Pedro, Antonio, 1942-
A Segunda Guerra Mundial / Antonio Pedro. – 18ª edição. – São Paulo : Atual, 2004. – (Discutindo a História)

Bibliografia
ISBN 978-85-7056-530-3

I. Guerra Mundial, 1939-1945 I. Título. II. Série.

93-1193   CDD-940.53

Índice para catálogo sistemático:
I. Guerra Mundial, 1939-1945 : História 940.53

SARAIVA S.A. Livreiros Editores
Rua Henrique Schaumann, 270 – Pinheiros
05413-010 – São Paulo – SP

SAC | 0800-0117875
    | De 2ª a 6ª, das 8h30 às 19h30
    | www.editorasaraiva.com.br/contato

Todos os direitos reservados.

819324.018.003

Impressão e acabamento
Digital Page Gráfica e Editora Ltda.

Sumário

Bate-papo com o autor 1

1. Para se entender a Segunda Guerra Mundial 5

2. Os caminhos do apocalipse 8

3. A guerra 19

4. A batalha de Stalingrado: o início da queda
   do III Reich 38

5. As duas frentes: Oriente e Ocidente 50

6. 1945: a agonia da Alemanha 64

7. A herança que a guerra deixou 76

Cronologia 87

Bibliografia 89

Discutindo o texto 91

Agradecimento:
Elizabeth Pereira de Oliveira Barbosa

Para Dadinha

Bate-papo com o autor

Antonio Pedro nasceu em 1942, em plena Segunda Guerra Mundial: "A batalha de Stalingrado mal havia começado; a Alemanha ainda achava que era o maior país do mundo e pretendia transformar as outras nações em seu domínio particular". Teve, como contraponto de infância, os ecos da guerra. Diz ele que quando começou a ir ao cinema, pelo qual é fanático, "o Brasil inteiro via filmes de guerra. Os seriados do Fantasma – um dos seus heróis favoritos – apresentavam-no sempre lutando contra os nazistas". Como não poderia deixar de ser, nas brincadeiras de mocinho e bandido, o vilão era alemão ou japonês – o que ninguém se conformava em ser, é claro...

A segunda paixão surgiu na década de 1950, quando conheceu Thelonius Monk, Charlie Mingus, Charlie Parker, John Coltrane e outros talentos do *jazz*. Daí para a frente sua ligação com a bossa-nova foi um passo: João Gilberto, Tom Jobim e a música brasileira passaram a fazer ponto no seu dia a dia.

Doutor em História pela Universidade de São Paulo, autor de vários livros, está escrevendo um trabalho sobre a americanização do Brasil durante a Segunda Guerra Mundial. É professor associado do Departamento de História da Pontifícia Universidade Católica de São Paulo e professor colaborador no programa de pós-graduação do Departamento de Sociologia da Universidade Estadual Paulista no *campus* de Araraquara. Hoje em dia acrescenta mais duas "manias" às surgidas nos "anos verdes": o *jogging* de 10 km, quase diário – seguido de uma cervejinha, "que ninguém é de ferro" – e a leitura e redação sistemáticas da História. Atualmente se dedica a um estudo sobre a cidade de São Paulo.

A seguir, Antonio Pedro (*Tota* para os amigos) responde a cinco questões ligadas ao presente texto:

P. *A Segunda Guerra Mundial já não é um fato do passado, desvinculado de nossa realidade e enterrado pelo tempo? Nesse sentido, para que reestudar esse período da História?*
R. Como historiador que sou, poderia começar respondendo a essa pergunta com a afirmação do pensador existencialista Theodor Lessing: "Escrever a História é a arte de conferir um sentido a fatos que, na ordem natural das coisas, não têm nenhum". Mas isso só não basta. A Segunda Guerra Mundial é ainda um fato presente no nosso dia a dia.

Acho que até agosto de 1991 podíamos dizer que tudo o que estava ocorrendo no mundo era resultado da Segunda Guerra Mundial. Principalmente a divisão do mundo em dois blocos; de um lado o mundo socialista, liderado pela União Soviética, e do outro lado o mundo capitalista, liderado pelos Estados Unidos da América. No entanto, esse quadro mudou radicalmente. Em novembro de 1989, o símbolo máximo da Guerra Fria, o Muro de Berlim, começou a ser destruído. Simbolicamente era o começo do fim do socialismo. Quando este livro sobre a Segunda Guerra Mundial foi publicado na sua primeira edição, o mundo era mais "fácil" de se analisar. Sem dúvida, segundo a análise do alemão Robert Kurz, em seu livro *O colapso da modernização*, o fim do mundo socialista na verdade antevê o fim, ou pelo menos uma profunda crise na economia de mercado, ou seja, do capitalismo.

A constante necessidade de se estudar a Segunda Guerra Mundial é um dos fatores que podem ajudar a humanidade a evitar uma nova guerra. A ânsia de poder da Alemanha nazista não se repetirá, mas temos visto que essa ansiedade continua existindo nos dois grandes países do mundo, e uma forma de evitar o conflito (que, a propósito, seria o último) é lembrar o morticínio que significou a Segunda Grande Guerra.

P. *Amigos na Segunda Guerra tornam-se adversários agora, enquanto inimigos tornam-se amigos. Isso é brincadeira ou o quê?*
R. No decorrer do livro o leitor poderá perceber a resposta a essa pergunta com maior clareza. No entanto, se atentarmos para a aliança formada entre os Estados Unidos/Inglaterra e a União Soviética, veremos que foi uma união passageira. Lado a lado esta-

vam os dois representantes máximos do sistema capitalista e o primeiro país socialista do mundo. Ficaram unidos enquanto existia a presença de um outro país capitalista, mas só que portador de uma ferocidade e de um sanguinarismo sem par na História. Terminada a tarefa de eliminar o inimigo comum, os amigos de ontem começaram a perceber que o que eles tinham em comum (o inimigo) havia desaparecido. Então as divergências começaram a despontar de maneira mais forte.

P. *Bombardeios de cidades, campos de concentração, bomba atômica... O que mais poderá o bicho-homem inventar para se autodestruir?*
R. Acho que dá para responder a essa pergunta lembrando Albert Einstein quando lhe perguntaram como seriam as armas da próxima guerra mundial. Ele respondeu: "Na Terceira Guerra eu não sei, mas na Quarta Guerra serão pedras e paus". Enfim, o homem não pode inventar mais nada para a sua destruição. Durante o período da Guerra Fria, os jornais sempre faziam cálculos estúpidos sobre a quantidade de vezes que a Terra poderia ser destruída com os arsenais da URSS e dos EUA. O irônico é que o fim da Guerra Fria, bem como o desaparecimento do Bloco Socialista, não afastou totalmente o perigo de conflitos atômicos. Basta lembrar que algumas das repúblicas desmembradas da antiga União Soviética ficaram com um vasto espólio de arsenal atômico e, em algumas delas, esse arsenal está nas mãos de minorias étnicas com um alto grau de fanatismo, inclusive religioso. A chantagem atômica parece bem provável.

No entanto, recentemente estamos vendo na Alemanha o renascimento de atos racistas violentos perpetrados por grupos neonazistas. E no Brasil também temos visto manifestações desse tipo.

P. *A derrota do fascismo e do nazismo representou o fim dessas ideologias no mundo?*
R. Não. A derrota do nazismo e do fascismo destruiu o seu potencial organizacional de Estado enquanto instituição estreitamente ligada aos interesses do grande capital. Mas, enquanto ideologia, o fascismo e o nazismo estão em várias partes do mundo, manifestando-se como pensamento mais reacionário da direita. Basta olhar para o Brasil em nossa história recente e atual para lembrarmos o quanto ainda existe dessa categoria de gente que aposta contra a humanidade. São os medíocres e os frustrados das camadas médias que erigem o pensamento de direita, na violência, como arma política.

P. *Na sua opinião, a guerra é um jogo que faz parte da natureza agressiva do homem?*

R. A revista *O Correio*, da Unesco, dedicou a sua edição de 7 de julho de 1985 à Segunda Guerra Mundial. E uma das coisas de que mais se falou foram as consequências de uma possível nova guerra. Num dos artigos está escrito que nos últimos 5 mil anos a humanidade passou por mais de 14 mil guerras. De modo geral, eram localizadas e obedeciam a objetivos políticos. Nos Estados nacionais, nas chamadas monarquias nacionais, pensava-se, nos gabinetes dos chefes de Estado, o que se lucraria e o que se perderia com uma guerra. Basta lembrar da Guerra dos Trinta Anos (1618-1648) para constatar que as guerras eram absolutamente políticas e econômicas. Enfim, estavam sempre em jogo esses tipos de interesse, e as guerras se davam em espaços delimitados. O mesmo se pode pensar da Primeira Guerra e talvez, em parte, da Segunda Guerra. Mas hoje uma guerra entre as potências nucleares jamais será uma guerra localizada, e sim generalizada. No caso de um país atirar uma bomba no outro, a guerra se espalhará pela Terra. Não será necessário, por exemplo, que se atirem bombas no Brasil para que nosso país sofra as consequências do chamado *inverno nuclear*. Nos primeiros dias morreriam mais de 1 bilhão de pessoas; alguns dias depois outro tanto. Depois, e só esperar a disseminação das radiações e a morte por várias doenças.

Ainda acredito que a guerra não é exatamente parte da natureza agressiva do homem, mas... quando vejo a violência na antiga Iugoslávia, começo a ter minhas dúvidas.

1. Para se entender a Segunda Guerra Mundial

A luta nas praias do Havaí era um verdadeiro inferno de ferro e fogo. Os japoneses, com seus aviões Zero, despejavam rajadas de metralhadoras e bombas, ferindo e matando os soldados americanos que resistiam com bravura ao ataque de surpresa a Pearl Harbor. Aos poucos a calma foi sendo recobrada. Frank Sinatra era um cabo do exército americano, ou dos *mariners,* não me lembro muito bem. Montgomery Clift, um soldado. Ambos os amigos lutavam no Pacífico pela defesa da liberdade e da democracia. A cena é parte do filme *A um passo da eternidade.* John Wayne estrelou uns outros tantos filmes sobre a guerra no Pacífico, principalmente *Iwojima: o portal da glória,* no qual aparece o famoso episódio dos GI do Tio Sam fincando a bandeira americana na pequena colina calcinada pelas bombas e pelos lança-chamas. Isso para não falar do "dia D", que passou para o cinema como O *dia mais longo da História,* levando às telas Henry Fonda, Sal Mineo, Maximiliam Shell, e outros grandes astros, lutando contra os nazistas.

Americanos lutando heroicamente sob o escaldante calor das ilhas do Pacífico contra ferozes e sanguinários japoneses. Ou ainda soldados americanos lutando heroicamente contra ferozes, sanguinários e fanáticos soldados nazistas. Eis como nos anos 1950 e 1960 se viu o conflito. Nos Estados Unidos, a maioria das pessoas acreditava e acredita que a Segunda Guerra Mundial foi travada entre os soldados americanos defensores da democracia e os nazistas da Alemanha de Hitler ou os japoneses fanatizados do imperador

Hiroito. O que é bom para os Estados Unidos é bom para o Brasil. Também os brasileiros viam a guerra como um embate entre japoneses e/ou alemães e americanos, acrescido pela ênfase dos ferozes combates contra os alemães que os pracinhas brasileiros levaram a cabo em Monte Castelo.

Não é o que parece. A Segunda Guerra Mundial foi, em sua maior parte, travada entre a Alemanha nazista e a União Soviética. A esmagadora maioria das divisões dos exércitos nazistas permaneceu em território soviético, na chamada frente oriental, tentando "apagar" do mapa o país dos comunistas. Os 20 milhões de cidadãos soviéticos mortos podem atestar a violência e a importância da participação da União Soviética no conflito mundial.

A Segunda Guerra Mundial, enfim, não se resumiu nas batalhas travadas entre americanos e japoneses imortalizadas no cinema e na televisão. Eis o que este livro pretende demonstrar.

Um primeiro passo para entender melhor o conflito que ensanguentou o mundo e analisar a situação de crise que matou os anos 1920 e 1930.

Há quem diga que a Segunda Guerra Mundial não passou de uma continuação da Primeira Grande Guerra. E que esta, por sua vez, não foi nada mais do que um prolongamento da Guerra Franco-Prussiana, irrompida em 1870.

É claro que existem pontos semelhantes entre o primeiro e o segundo conflitos. Ambos com origens nas violentas disputas das potências imperialistas europeias. Mas, sem dúvida, a partir da entrada da União Soviética na Segunda Guerra Mundial, esta começa a diferenciar-se qualitativa e quantitativamente da Primeira Guerra. Em parte essa diferenciação já despontava na própria situação do mundo depois de 1914.

A Primeira Guerra Mundial inaugurou um período de profunda crise no sistema capitalista mundial, da qual a crise de 1929, que estourou nos Estados Unidos, era somente a ponta de um imenso *iceberg*.

Apesar da euforia dos anos 1920 nos Estados Unidos, sabe-se que o crescimento acabou redundando na crise. Mesmo depois, todas as medidas tomadas pelo *New Deal* de Roosevelt não foram suficientes para recuperar a economia, como ocorreu nos períodos imediatamente pós-guerra. Em 1937 a crise estava no ar novamente, com milhões de desempregados. E não só nos Estados Unidos, pois todos os países capitalistas sofriam-na, de uma forma ou de outra.

Qualquer tabela das décadas de 1920 e 1930 demonstra que a economia mundial tendia a uma profunda queda de crescimento: o ferro bruto, por exemplo, que, em 1929, atingiu a casa dos 98,5 milhões de toneladas, caiu, em 1932, para 50,4 milhões de toneladas; o petróleo, no mesmo período, caiu de 206,3 milhões de toneladas para 180,5 milhões. Esse quadro muito breve da situação econômica mundial dá bem uma ideia da crise em que o mundo capitalista estava mergulhado. Mas foi também nesse quadro de crises que se deu a ascensão do fascismo na Itália e do nazismo na Alemanha, incentivando um clima de rearmamento que já se achava latente nos países imperialistas europeus. Se a corrida armamentista e o crescente clima de guerra foram uma espécie de injeção de adrenalina no capitalismo mundial, o deflagrar da Segunda Guerra Mundial foi o orgasmo dos grandes consórcios capitalistas.

2. Os caminhos do apocalipse

No ano de 1925 as potências europeias reuniram-se em Locarno para ratificar na prática o Tratado de Versalhes. Continuava a falsa calma que prevaleceu depois do acordo espoliativo assinado em Versalhes, em 1919. A Alemanha deveria pagar tudo. Ela continuava dividida e, de certa forma, humilhada. Era assim que os grandes da França e da In-

Europa após a Primeira Guerra Mundial

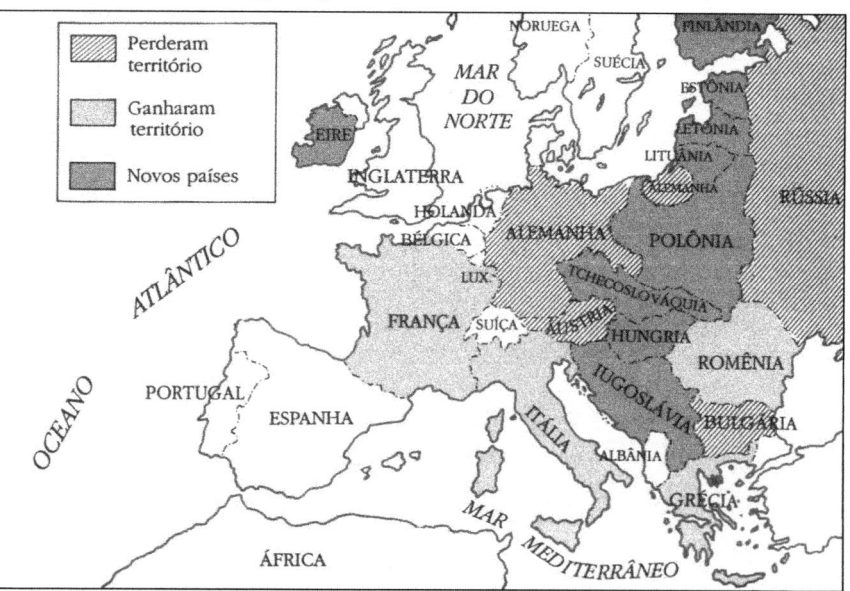

glaterra queriam. Enfim, a Alemanha continuava insatisfeita. A Itália – apesar de vencedora no primeiro conflito – estava insatisfeita em relação a novos territórios na Europa e nas colônias, enquanto a Alemanha já não tinha nem o direito de reclamar sua parte no mundo colonial. Daí os programas nazistas e fascistas apelarem, via nacionalismo frenético, pela restauração da honra maculada.

Na verdade, tanto a paz firmada em 1919 como o acordo de 1925 não passavam de uma maldisfarçada trégua. A guerra era inevitável para os países capitalistas. Stalin, em 1925, já a caminho de se tonar o todo-poderoso líder da jovem República Socialista, fez precisas previsões:

> *Pensar que a Alemanha irá tolerar este estado de coisas é confiar milagres. Locarno, que sanciona a perda, pela Alemanha da Silésia, do corredor (polônes) e Dantzig..., partilhará do velho tratado franco-prussiano que privou a França da Alsácia e Lorena... Locarno está prenhe de uma nova guerra europeia. [...] A bandeira da paz continua sendo a nossa bandeira como em outros tempos. Mas se houver guerra não iremos ficar de braços cruzados. Teremos que participar, mas deveremos ser os últimos a participar. E participaremos a fim de lançar o peso decisivo na balança, o peso que deverá inclinar um dos pratos da balança.*
>
> (Citado por Isaac Deutscher, *Stalin, a história de uma tirania.*)

A falsa calma que reinava no mundo pós-Locarno foi rompida, mas não pela Alemanha, como a princípio se pode pensar. A calma foi rompida no Oriente quando o Japão invadiu a China em 1931. Aos poucos as ondas belicosas foram se reverberando pelo mundo.

Na Europa a paz era mantida precariamente pela Liga das Nações, enfraquecido organismo mundial. Havia depois de 1933, no entanto, uma tentativa de buscar soluções coletivas para a manutenção da paz na Europa. Isso mesmo depois da ascensão de Hitler ao poder, pois o expansionismo nazista não se havia revelado de todo até o ano de 1934.

Mas o pano de fundo dessa precária paz era bem outro. A subida de Hitler ao poder na Alemanha estava claramente vinculada ao grandes consórcios capitalistas alemães. As grandes usinas da

Krupp, poderosa empresa fabricante de armas, passaram a receber importantes encomendas dentro do plano de reconstrução do exército alemão. A indústria química I. G. Farben recebia encomendas para a produção de gasolina e borracha, transformando-se, por essa época, na maior empresa química do mundo. A relação entre o Estado militarista, que se estruturava, e os grandes consórcios capitalistas adequava-se perfeitamente às necessidades de superação da crise que atingiu profundamente o capitalismo mundial.

O reaparelhamento do exército, e o renascimento de uma aviação militar e de uma marinha de guerra eram incumbências do Estado, que garantia aos consórcios a compra constante de produtos básicos, mantendo, dessa forma, os lucros com tendência ao crescimento. Isso já se dava também no Extremo Oriente, onde o Japão se achava em guerra com a China. A China era uma importante fornecedora de matérias-primas para os ávidos conglomerados capitalistas da Mitsubishi, Mitsui e Sumimoto, que por sua vez forneciam indispensáveis produtos ao ávido Estado militarista e imperialista japonês.

Na Europa, o Tratado de Versalhes fora claro: à Alemanha era vedada a remilitarização, o rearmamento e a expansão. No entanto, mesmo antes da subida de Hitler, o chanceler Bruning interrompera o pagamento das reparações de guerra, dando o primeiro passo para o rompimento do Tratado de Versalhes. Com a ascensão dos nazistas ao poder, o discurso diplomático de Hitler era bastante ameno e continha modestas demandas. Dizia o primeiro-ministro Adolf Hitler em um discurso: "[...] aquele que acender a chama da guerra na Europa não quererá outra coisa senão o caos [...] a Alemanha Nacional Socialista deseja a paz em virtude de suas convicções. E também quer a paz porque nenhuma guerra seria essencialmente adequada para alterar as angústias da Europa".

Em julho de 1933 as quatro potências europeias, Inglaterra, França, Itália e Alemanha, reuniram-se, firmando um pacto de paz que não era outra coisa senão a reafirmação dos acordos anteriores. As garantias de paz continuavam frágeis. Numa espécie de desdobramento do encontro das quatro potências realizava-se o encontro pelo desarmamento, patrocinado pela Liga das Nações. Dois meses depois a diplomacia da Alemanha nazista abandonou intempestivamente o encontro.

Enquanto isso a França achava-se conturbada por manifestações de massas. Mesmo com graves crises internas, Louis Barthou, líder do governo, já começava a imprimir à política externa um projeto de defesa contra a expansão nazista. Para tanto buscou reforçar uma aliança com a Europa oriental, principalmente com a Polônia, com quem assinou uma série de tratados de não agressão e de ajuda mútua. No entanto, depois da morte de Barthou, essa política tendeu a um enfraquecimento, principalmente depois que Pierre Laval ocupou a pasta do Ministério do Exterior.

A União Soviética tinha como premissa básica de sua política externa a manutenção da paz, pretendendo não se envolver diretamente nos conflitos das potências imperialistas. Mas um isolacionismo na Europa era praticamente impossível. Em 1934, finalmente a jovem República Socialista passou a fazer parte da Liga das Nações. Era um passo importante para o seu reconhecimento como nação, coisa que as potências capitalistas se recusavam a fazer. O comissário do povo para as Relações Exteriores (ministro do Exterior), Litvinov, aderiu rapidamente à tese da segurança coletiva no continente. Ironicamente a União Soviética integrou a Liga das Nações no momento em que essa demonstrava sua total inoperância.

Hitler começava a dar os primeiros passos de uma diplomacia para obter segurança em direção a um futuro expansionismo. Em 1934 Hitler assinou um acordo de não agressão com a Polônia. Conseguia, dessa forma, adiar o problema da Polônia, que havia sido criado pelo Tratado de Versalhes e que dividiu a Alemanha em duas partes pelo chamado "corredor polonês". Nesse mesmo ano a diplomacia hitleriana conseguiu uma importante vitória: reincorporou a região do Sarre, que havia ficado sob a responsabilidade administrativa da França depois de Versalhes. Hitler tentou ainda nessa época um golpe contra a Áustria, através de seu tão acalentado *Anschluss*, isto é, anexação. Mas a pressão da Itália, que ainda não estava alinhada à Alemanha nazista, impediu mais essa aventura do expansionismo nazista.

No ano de 1935, Hitler anunciou publicamente aquilo que já vinha sendo feito às escondidas: a Alemanha retomaria urgentemente um programa de rearmamento. Ora, esse era um dos itens que o Tratado de Versalhes proibia terminantemente.

A Liga das Nações protestou, mas Hitler não deu atenção e iniciou o recrutamento militar obrigatório.

A ideia da segurança coletiva, que implicava soluções que envolvessem o conjunto de todas as nações do continente, faliu. E com ela a Liga das Nações, que praticamente deixava de ter funções, pois cada nação buscava um acordo em separado.

A Inglaterra iniciou uma política de conciliação com a Alemanha, mais tarde conhecida como política de apaziguamento. O tratado naval assinado com os nazistas deixava Hitler com as mãos livres para restaurar o poderio da marinha de guerra. A França sentiu-se profundamente traída.

Uma espécie de resposta da França foi a assinatura de um pacto com a União Soviética, no qual se estabelecia ajuda mútua no campo militar. Mas esse acordo tinha uma série de limitações que na prática precisavam ainda ser superadas para que tivesse uma função concreta.

A Itália reclamava parte da África. A voz fanfarrona de Mussolini procurava sensibilizar o italiano médio com a falácia de restauração da grandeza do Império Romano, como se este tivesse sido um episódio ocorrido há algumas décadas apenas. Por essa razão os fascistas italianos preparavam-se para invadir a Etiópia.

As garras do imperialismo nazista aproveitaram-se do divisionismo dos possíveis oponentes para se mostrar mais claramente. No dia 7 de março de 1936 soldados da Wehrmacht (exército alemão) invadiram a Renânia (região fronteira entre a França e a Alemanha), remilitarizando todas as cidades da região. A remilitarização da Renânia era expressamente proibida pelo Tratado de Versalhes. A legitimação desse ato atrevido do expansionismo alemão ocorreu pela delirante recepção que as populações renanas dispensaram aos nazistas de Hitler. O nacionalismo, ferido profundamente em 1919, começava agora a ser resgatado.

Qual a reação da França diante de tão grave ameaça para sua segurança? Seus exércitos teriam na ocasião condições de aplicar medidas punitivas para restaurar o *status* do Tratado de Versalhes? Os exércitos alemães tinham uma força militar inferior aos exércitos franceses. No entanto, fez-se silêncio sepulcral nos meios oficiais e militares do governo francês.

Ao mesmo tempo a Itália se preparava para a invasão da Etiópia. Inglaterra e França protestavam contra os preparativos de Mussolini. Mas era um tênue protesto. Na verdade o ministro do Exterior da França – Pierre Laval – instituiu a política de *free hands* para a Itália em relação à Etiópia. Os soldados fascistas de Mussolini já se encontravam às portas de Adis-Abeba em maio de 1936, quando a enfraquecida Liga das Nações condenou formalmente a Itália como agressora. A Inglaterra impôs sanções econômicas à Itália como represália, as quais praticamente não surtiram efeito, pois produtos básicos como o petróleo, continuaram a ser negociados com os fascistas.

Depois da invasão da Etiópia, a Liga das Nações perdeu, na prática, suas funções. A Alemanha nazista e a Itália fascista se aproximaram. A Guerra Civil Espanhola praticamente selou esse "caso de amor": os dois países fascistas prestaram toda a ajuda possível às forças do obscurantismo do generalíssimo Franco, que se haviam rebelado contra a República espanhola. Os fascistas atuaram de várias formas: desde a pirataria submarina italiana no Mediterrâneo até ataques aéreos da famosa Legião Condor da Luftwaffe alemã.

Formou-se, ainda no ano de 1936, o *Eixo* Roma-Berlim, nome pelo qual ficariam conhecidas as potências fascistas durante a Segunda Guerra. Além dessa aproximação entre as duas potências fascistas pela lógica dos interesses territoriais e imperialistas na Europa, a aproximação deu-se também devido às semelhanças ideológicas, marcadas pelo antibolchevismo visceral dos dois países. O pacto anticomunista teve como ponto de partida uma aliança entre a Alemanha e o Japão com a assinatura do chamado Pacto Anti-Comintern (Internacional Comunista), assinado em novembro de 1936, que no ano seguinte foi também firmado pela Itália. O objetivo era claro: impedir qualquer ameaça do avanço do movimento socialista apoiado pela União Soviética.

O delírio expansionista ganhava corpo na cabeça do Führer. No começo de 1938, ele chamou os membros da OKW (Alto Comando Supremo das Forças Armadas) para anunciar seus planos secretos de guerra. Como parte desses planos, o *Anschluss* (anexação da Áustria). Inicialmente Hitler pressionou o ministro austríaco Schuschnigg para que anistiasse os nazistas presos em Viena. Depois exigiu, na prática, a renúncia do chefe do governo austríaco, que foi imediatamente substituído por um primeiro-ministro de claras tendências nazistas. As manifestações e desordens provocadas pelos nazistas austríacos foram utilizadas como uma desculpa oficial para que o governo austríaco pedisse "ajuda" a Hitler na restauração da "lei e da ordem". Em março de 1938 os tanques alemães rolavam pelas ruas de Viena. Estava realizado o velho sonho de Hitler: sem nenhum tiro a Áustria passou a fazer parte do chamado III Reich.

Novamente vem a pergunta: qual a reação da França e da Inglaterra? A França achava-se paralisada pelas crises internas que levaram Daladier ao governo conservador. A Inglaterra aperfeiçoava sua política de apaziguamento levada a cabo pelo novo primeiro-ministro Neville Chamberlain. Na verdade, começava a ganhar corpo a ideia de que era melhor fazer concessões à Alemanha nazista e dessa forma "empurrá-la" para o leste em busca do tão discutido *Lebensraum* (isto é, o espaço vital).

Mas os planos expansionistas de Hitler continuavam. Os grandes capitais alemães necessitavam do dinamismo bélico constante, para que o processo de acumulação continuasse indefinidamente. Hitler passou a exigir parte do território da Tchecoslováquia, pequeno país industrializado na Europa do Leste. A modernização da Tchecoslováquia relacionava-se com a administração democrática imprimida pelo líder histórico Eduard Benes. A formação do novo país depois da Primeira Guerra havia se dado com a inclusão de territórios montanhosos em seus limites. Esse território era conhecido como Sudetos e era habitado por povos de língua alemã.

Até a ascensão de Hitler na Alemanha, essa região tinha tido pequenos problemas, mas com Hitler no poder o fermento do nacionalismo doentio agitava os habitantes dessa região da Tchecoslováquia. Hitler exigiu que ela fosse incorporada à Alemanha, e os agentes nazistas encarregaram-se de agitar e promover distúrbios nos Sudetos. As pressões de Hitler tornaram-se insuportáveis para o pequeno país. O governo da Tchecoslováquia pediu auxílio à França, com quem tinha um pacto de ajuda. Mas a França sentia-se militarmente enfraquecida perante o crescente poderio militar alemão. Ao mesmo tempo, sua estratégia básica assentava-se na construção de uma linha de fortificações ao longo de sua fronteira com a Alemanha, que ainda não se achava pronta: era a famosa Linha Maginot. Enquanto a França se debatia com essas questões, a Inglaterra prosseguia com sua política de apaziguamento, à medida que Hitler aumentava suas exigências.

Em meados de setembro de 1938, o primeiro-ministro britânico, numa atitude de subserviência sem precedentes, viajou para Berchtesgaden, regúgio de Hitler enfiado nos Alpes. A figura de Chamberlain, com seu inseparável guarda-chuva, parece ter aumentado a postura belicosa de Hitler, que exigia a "autodeterminação" dos povos dos Sudetos. Não foram conseguidas soluções concretas do encontro.

Os exércitos alemães acantonados na fronteira com a Tchecoslováquia iniciaram uma série de atos de provocação apoiados por distúrbios dos nazistas dentro dos Sudetos. A tensão na Europa cresceu perigosamente. A França esboçou alguns preparativos para a guerra.

Nesse momento surgiu a proposta de mediação do conflito por um país "neutro": a Itália fascista.

No dia 29 de setembro de 1938 Chamberlain (Inglaterra), Daladier (França), Hitler (Alemanha) e Mussolini (Itália) reuniram-se na cidade de Munique para discutir a sorte da Tchecoslováquia. Não foi permitida a presença de representantes tchecos e a União Soviética nem sequer foi convidada. Na prática, essa reunião resultou na condenação da Tchecoslováquia, porque, depois dos Sudetos, os soldados de Hitler tomaram Praga em março de 1939. A Tchecoslováquia deixara de existir. Se prestarmos atenção num mapa da Europa, poderemos notar que a Tchecoslováquia é uma espécie de corredor em direção a uma parte da União Soviética. Havia, portanto, uma tendência a confirmar-se a suspeita da política externa soviética de que a França e a Inglaterra "empurravam" a Alemanha contra a União Soviética. Como veremos mais adiante, tem-se a clara impressão de que Hitler não contava com uma guerra na frente ocidental, isto é, contra a França e a Inglaterra. O objetivo primeiro da máquina militar nazista era a União Soviética. Esse ponto de vista é defendido sobretudo pelo historiador Trevor Hopper, especialista nas questões militares da Segunda Guerra.

Depois do episódio da Conferência de Munique, ficou claro que a Alemanha nazista não pretendia fazer exigências somente sobre regiões habitadas por alemães. A transformação da Eslováquia em território ocupado e considerado protetorado era prova suficiente. Somente depois disso a Inglaterra e a França perceberam que a expansão nazista também poderia atingi-las e começaram a armar-se. Reiniciaram então uma lenta política de reaproximação com a União Soviética.

As forças conservadoras ganhavam terreno em toda a Europa e encorajavam ainda mais os nazistas em suas exigências. Na Espanha, Franco havia derrotado definitivamente os republicanos, impondo uma ditadura. A Itália havia anexado a pequena Albânia em abril de 1939.

Mas o ponto de maior tensão estava na fronteira entre a Alemanha e a Polônia. Hitler fazia exigências sobre a cidade de Dantzig, situada no corredor polonês.

A União Soviética ficara isolada da política europeia. Com o Acordo de Munique seu isolamento se acentuou. As pretensões de

Hitler em direção ao leste, visando à conquista da Polônia, deixavam os russos bastante preocupados. E as tentativas de uma aliança com os países do Ocidente, principalmene a França, para uma defesa mais coletiva, pareciam cada vez mais difíceis. O Acordo de Munique humilhara a liderança soviética, pois os russos insistiram numa aliança antinazista para defender a Tchecoslováquia. Por essa razão, Stalin, líder do governo soviético, ordenou a seus ministros que começassem a sondar indiretamente a Alemanha para um acordo de não agressão.

Charge de Belmonte que satiriza o belicismo de Hitler e a política apaziguadora do primeiro-ministro inglês Chamberlain.

Mesmo tentando uma aproximação com a Alemanha nazista, o governo soviético continuava insistindo em uma aliança antinazista para impedir o expansionismo alemão. O historiador Isaac Deutscher resume numa frase a política externa de Stalin, nesse momento de tensão na Europa: "Ainda mantinha a porta da frente aberta aos britânicos e franceses e limitava o contato com os alemães à porta dos fundos".

Mas os países ocidentais tratavam com certo desprezo as propostas de Stalin. Os negociadores do Ocidente nunca tinham credenciais necessárias para tomar decisões importantes. Os líderes da Inglaterra e da França haviam mostrado uma disposição subserviente para negociar as exigências alemãs na questão tcheca; agora não se dispunham a negociar em ritmo de urgência com a União Soviética. Por essa razão o plano de Stalin era manter-se distante da guerra de caráter imperialista, pelo menos num primeiro momento, pois uma aliança com o Ocidente o obrigaria a combater desde o primeiro dia de conflito. Segundo seus planos, a União Soviética precisava de tempo, muito tempo. Stalin sabia que o projeto político-militar da Alemanha era a expansão para o leste, pois ela precisava do *Lebensraum* (o chamado espaço vital). É certo que existia a Polônia entre a União Soviética e a Alemanha, mas os russos não confiavam na ajuda do Ocidente aos poloneses, pois havia o precedente do caso da entrega da Tchecoslováquia na Conferência de Munique.

A velha tentativa de estabelecer a segurança coletiva morria rapidamente. Stalin substituiu Litvinov por Molotov, que esperava modificar a política externa e, de certa forma, aproximar-se da Alemanha. Era a resposta de Stalin à política externa da Inglaterra e da França. Para a Alemanha nazista um pacto de não agressão com a União Soviética poupava-lhe o risco de, em caso de guerra, ter que lutar em duas frentes.

No começo de agosto de 1939, foi aberta a primeira fase de conversações entre Alemanha nazista e União Soviética. No dia 23 de agosto foi assinado o famoso pacto de não agressão nazissoviético. Pelo acordo os dois países se comprometiam a manter-se neutros em caso de guerra, mas não havia nenhum compromisso nem acordos de amizade. Havia cláusulas de comércio e intercâmbio econômico. Através de artigos secretos, parte da Polônia habitada por bielo-russos e ucranianos passava a ser área de interesse da União Soviética. Também a Finlândia e os países bálticos passaram para a área de influência soviética. À Alemanha foi garantida a neutralidade da União Soviética, o que lhe evitava a possibilidade de lutar em duas frentes.

Ainda hoje se discute o pacto nazissoviético. Teria sido um erro a assinatura de um acordo entre dois países absolutamente opostos e inimigos? Stalin dizia que não. Que, graças ao pacto, a União Soviética ganhara um ano e meio para se armar, ganhara território defensivo e, sendo a Alemanha a agressora, os soldados do Exército Vermelho lutaram com alto moral.

Há fortes dúvidas quanto a esses argumentos – os territórios conquistados à Polônia depois do Pacto não valeram nada: Os exércitos nazistas tomaram-nos em um dia. Quanto ao tempo que Stalin poderia ter ganho, Hitler aproveitou-o muito mais, pois pôde contar com os enormes recursos dos países conquistados antes de iniciar a invasão da União Soviética.

Charge de Belmonte que satiriza o pacto de não agressão nazissoviético.

3. A guerra

A notícia caiu como uma bomba nos meios diplomáticos do continente. Imediatamente os alemães de Dantzig, incitados pelos nazistas, promoveram manifestações de apoio a Hitler. Hitler fez exigências públicas ao governo polonês. E diante da recusa deste em atender a alguns pontos das exigências o governo nazista iniciou, na madrugada do dia 19 de setembro de 1939, a invasão da Polônia.

O avanço era rápido. Os alemães se utilizavam de tropas blindadas, carros de combate e, principalmente, tanques de guerra. A Luftwaffe (Força Aérea Alemã) despejava suas terríveis bombas sobre os despreparados soldados poloneses. Era uma nova guerra em que se utilizavam modernas e sofisticadas armas. A velocidade dos ataques era sua marca registrada. Daí o nome de guerra-relâmpago *(Blitzkrieg)*.

A Alemanha recebeu um ultimato da França e da Inglaterra exigindo a retirada de suas tropas da Polônia. Hitler desprezou o inócuo documento anglo-francês. No dia 3 de setembro, tanto a França como a Inglaterra viram-se obrigadas a declarar guerra à Alemanha.

Na manhã de 17 de setembro a União Soviética começava a ocupar uma área da Polônia. Estava estipulado no pacto de não agressão que parte desse país caberia à União Soviética.

A luta na Polônia prosseguiu até o dia 28 de setembro, quando Varsóvia foi tomada pelas forças nazistas e os políticos fugiram para a Inglaterra, formando um governo no exílio. Todo o centro do país transformou-se no chamado protetorado polonês, regido por um governo geral nazista. A União Soviética anexou territórios habitados por bielo-russos e ucranianos. Esse território havia sido incorporado pela Polônia com o fim da Primeira Guerra Mundial e a assinatura do Tratado de Brest-Litovsk. A partir daí os chamados Estados bálticos passaram a fazer parte da área de influência da

União Soviética. Stalin estava, desse modo, se preparando para a inevitável guerra com a Alemanha nazista.

Depois que a Polônia foi dominada, iniciou-se a instauração da nova ordem no que restou do país. As declarações do ditador dão ideia do que seria essa nova ordem:

> Os poloneses nasceram especialmente para o trabalho pesado... Não é preciso pensar em melhorias para eles... Os poloneses são preguiçosos e é necessário usar a força para obrigá-los a trabalhar... somos uma raça superior e devemos governar com dureza... Arrancarei do país tudo o que puder... os eslavos terão que trabalhar para nós... se não precisarmos deles, que morram... Devem-se fechar as escolas, as instituições de educação a fim de impedir o desenvolvimento da nova classe culta... toda pessoa instruída é um futuro inimigo... Os poloneses serão escravos do grande Reich alemão.

Hitler, ladeado por altos comandantes da Wehrmacht, visita a frente de luta na Polônia.

Os alemães elaboraram um plano terrorista denominado "solução final", que consistia na superexploração da mão de obra das comunidades de judeus e poloneses-eslavos, que depois foram exterminados. Isso foi confiado a Hans Frank, governador do Reich na Polônia, que construiu os famosos campos de concentração para a execução do plano. Um dos mais famosos foi o de Auschwitz.

A Polônia desapareceu do mapa da Europa. Seus aliados – ingleses e franceses – não fizeram praticamente nada. A marinha alemã havia bloqueado o Báltico, impedindo qualquer ajuda à Polônia. Ingleses e franceses foram pegos de surpresa diante de uma guerra moderna e avassaladora, e nenhum soldado desses países sequer pisou em território da Polônia aliada para ajudá-la.

Mas podemos fazer a pergunta: Por que os franceses não atacaram a fronteira alemã, tentando romper a chamada Linha Siegfried? Por que seus aviões, apesar de obsoletos, não bombardearam cidades alemãs? O comandante-chefe das forças aliadas – o general francês Gamelin – portava-se como se estivesse lutando na guerra de 1914, e ordenou que suas forças ficassem estacionadas ao longo da Linha Maginot.

Os ingleses mantiveram a maioria de seus aviões estacionados nos aeroportos e "bombardearam" algumas cidades alemãs com panfletos, dando conselhos morais sobre os defeitos da política expansionista de Hitler.

Em compensasção, Hitler não atacou nem a França nem a Inglaterra, e a vida seguia normal, como se nada estivesse acontecendo. A guerra só existia nas declarações oficiais. Era uma guerra estranha, parecia de mentira. *Drôle de guerre*, como se dizia.

Hitler, com sua arrogância crescendo à medida que os sucessos militares aumentavam, não temia um ataque por parte dos países ocidentais. Uma fala de Hitler revela bem sua certeza quanto à atitude dos ingleses e franceses:

> *A Grã-Bretanha e a França contraíram compromissos, mas nenhum destes Estados tem o desejo de cumpri-los... Em Munique, vimos estes miseráveis vermes do Chamberlain e Daladier. Eles não se decidirão a atacar-nos...*

Somente nos mares é que se pode dizer que houve um confronto real entre Alemanha e Inglaterra. Alguns cargueiros e navios de guerra foram afundados pelos submarinos nazistas. Em fins de 1939 a Inglaterra havia perdido somente três soldados da infantaria, enquanto a França perdera cerca de mil homens.

Os confrontos e contatos militares praticamente não existiam; o mesmo não se pode dizer dos negócios. A produção bélica francesa seguia com extrema lentidão, mas os empresários franceses negociavam em grande escala com os inimigos. A Alemanha chegou a importar ferro da França através da Bélgica e de Luxemburgo.

Enquanto isso, a União Soviética tratava de reformular suas fronteiras, principalmente ao norte, com a Finlândia. A Finlândia naquela época se achava na área de influência da Alemanha. Stalin pretendia aumentar a presença soviética nesse país, que antes fizera parte do Império Russo. Por essa razão a União Soviética atacou a Finlândia em novembro de 1939. Os finlandeses resistiram com grande tenacidade e o exército russo encontrou grandes dificuldades para vencê-los. Nesse momento franceses e ingleses desembarcaram na Noruega, forçando Stalin a pôr fim à guerra. Mesmo assim, o líder soviético conseguiu afastar a fronteira finlandesa para centenas de quilômetros de Leningrado, a importante cidade industrializada do norte da União Soviética.

1940 e 1941: o zênite da estrela nazista

A Alemanha nazista tinha urgentes necessidades de minério de ferro para manter funcionando sua poderosa máquina de guerra. Os ingleses bloquearam o mar do Norte, impedindo a entrada de ferro por aquela via. Hitler e seus generais só tinham uma saída: dominar o mar Báltico e garantir que a Suécia, grande produtora do mineral, fornecesse o ferro para a indústria bélica alemã.

A Inglaterra tinha clara noção do perigo que representava a Noruega nas mãos da Alemanha. A Noruega e a Dinamarca eram regiões de grande importância militar, pois poderiam servir de trampolim para uma possível invasão da Inglaterra. Por essas razões, a Inglaterra e a França anunciaram que iriam minar as águas norueguesas para impedir a passagem das forças navais alemãs.

Os nazistas tentaram tomar a dianteira e em ataque fulminante dominaram a Dinamarca, numa ação combinada de forças navais, infantaria e aviação. Não houve resistência e a Dinamarca foi tomada em menos de 24 horas.

O passo seguinte foi iniciar a invasão da Noruega. Os portos foram os primeiros alvos. Mas dessa vez os alemães encontraram forte resistência por parte dos canhões dos fiordes de Oslo. Um cruzador alemão chegou a ser afundado. Os reforços da Luftwaffe e da marinha nazista restabeleceram a iniciativa dos ataques alemães. Somente no dia 20 de abril é que chegaram os primeiros contingentes dos expedicionários franceses e ingleses, mas já era tarde demais. Dez dias depois a força franco-britânica e o que restava das forças norueguesas foram obrigadas a evacuar as regiões sob forte pressão do fogo alemão.

Ainda se podia notar alguma resistência no porto de Narvik, mas em maio de 1940 o rei norueguês fugiu para a Inglaterra e Oslo foi tomada pelos nazistas. A Alemanha implantou um governo títere sob a liderança do nazista norueguês Vidkun Quisling, estabelecendo uma política de feroz perseguição aos oponentes do nazismo. Na Dinamarca a ordem anterior praticamente não foi tocada e até 1943 prevaleceu um regime relativamente democrático sob a direção de dinamarqueses. O Báltico estava agora sob o domínio da Alemanha, apesar da neutralidade da Suécia.

A França sentia, cada vez mais, que a guerra era bastante real e que sem dúvida o próximo passo dos nazistas seria dominar seu território. Mas, para que a França fosse dominada, era preciso que o exército alemão estabelecesse uma cabeça de ponte para o ataque. E isso só poderia ser feito à custa da Holanda e da Bélgica.

No dia 6 de outubro de 1939, pouco depois de ter dominado a Polônia, Hitler fez a seguinte declaração pública: "A Alemanha em circunstância alguma prejudicaria a inviolabilidade da Bélgica e da Holanda". Nos dias 7 e 9 o general von Brauchitsch, da OKW, e Hitler emitiram as seguintes ordens a seus comandados:

> *Cumpre fazer preparativos para uma operação de ataque através do Luxemburgo, da Bélgica e da Holanda. Essa era a lógica dos novos líderes da Alemanha nazista: faltar com a palavra empenhada pública e internacionalmente. Todos os tratados e pactos eram e seriam rompidos sem nenhum constrangimento, desde que atendessem os interesses dos facínoras e dos grandes monopólios industriais da "Nova Alemanha".*

Na manhã de 10 de maio de 1940 a Holanda foi despertada pelo sibilar estridente das bombas da Luftwaffe de Goering. As cidades foram invadidas pelas famosas divisões blindadas dos Panzer. O terror tomou conta rapidamente dos holandeses. O ataque estava sendo feito sem nenhum aviso e entre 13 e 14 de maio o bombardeio atingiu as ruas centrais de Rotterdam, uma cidade completamente sem defesas. Iniciavam-se assim os ataques em massa sobre populações civis.

Depois de quatro dias de alguma resistência, a rainha dos holandeses fugiu para a Inglaterra, e a Holanda caiu em mãos dos alemães.

A Bélgica ainda tinha fresca em sua memória a guerra de 1914, quando também foi invadida pelos alemães. Em 1940 a história se repetia. A Alemanha estava, na verdade, retomando o famoso plano von Schlieffen de 1914, que consistia em atingir a França através da Bélgica. Todo o sistema de defesa da França baseava-se na série de fortificações e construções subterrâneas conhecida como a Linha Maginot. Essa linha de fortificações se interrompia na fronteira com a Bélgica. E foi por ali que os alemães tentaram romper as defesas e dominar a França. Em outras palavras, o sistema de defesa da França baseava-se numa ideia de guerra de posições, estática, e não previa um conflito moderno e dinâmico como o que estava ocorrendo. Somente uma voz criticava essa estratégia: o general De Gaulle, que havia escrito um livro (*Vers l'Armée de Métier*) condenando o sistema de defesas da Linha Maginot.

A invasão da Bélgica pela Alemanha já havia começado quando se passou o seguinte episódio diplomático:

> *No Ministério das Relações Exteriores, em Bruxelas, enquanto os bombardeios alemães roncavam no ar e a explosão de suas bombas nos aeródromos adjacentes fazia estremecer as janelas, Buelow-Schuante, o embaixador alemão, começava a tirar do bolso um papel, assim que entrou no gabinete do ministro, quando Paul-Henri Spaak o deteve:*

> *"Desculpe-me senhor embaixador. Sou eu quem fala primeiro. O exército alemão acaba de atacar nosso país. É a segunda vez, em vinte e cinco anos, que a Alemanha comete uma agressão criminosa contra uma Bélgica neutra e leal. [...] Nenhum ultimato, nenhuma nota. [...] Só através deste ataque veio a Bélgica a saber que a Alemanha violou as garantias dadas. O Reich alemão será responsabilizado perante a História. A Bélgica está decidida a defender-se".*

(William Shirer, *Ascensão e queda do III Reich*.)

10 de maio de 1940 – cinco horas da manhã.
Mais de 3 mil aviões alemães sobrevoam o norte da França, a Bélgica e a Holanda.
Sobre os Países Baixos são lançados 4.500 paraquedistas.

A defesa se fez com a ajuda dos exércitos franco-ingleses, que rapidamente se precipitaram para o nordeste, vindos da fronteira entre a França e a Bélgica. Era exatamente isso que o Alto Comando Alemão esperava que acontecesse, pois, sem saber, franceses e ingleses estavam caminhando para uma grande armadilha na qual ficariam cercados.

Enquanto se lutava ao norte, o Alto Comando Francês mantinha a mesma estratégia da Primeira Guerra Mundial: ficou imóvel na Linha Maginot. A grande surpresa foi quando o exército alemão, com veículos blindados e tanques de guerra, rompeu uma frente mais ao centro na região das Ardenas: abriu-se o caminho para Sedan. A Linha Maginot caiu rapidamente, pois grande parte dos soldados alemães chegaram na retaguarda das linhas francesas, saltando de paraquedas e usando planadores.

Na Inglaterra houve uma mudança do governo. O primeiro ministro era agora o conservador e combativo Winston Churchill. No dia 16 de maio o novo primeiro-ministro inglês voou até Paris para analisar com seus colegas franceses a calamitosa situação. Na reunião com o novo chefe do governo francês, Paul Reynaud, e com o general Gamelin, Churchill perguntou ao general:

– Où est la masse de manouvre? *(Onde está a força de reserva?)*
O *general olhou para Churchill e deu de ombros, respondendo:*
– Aucune. *(Não há nenhuma.)*

Churchill ficou surpreso diante da resposta. Mas mais surpresos ficaram os comandantes alemães com a facilidade com que avançavam sem encontrar praticamente resistência. As forças alemãs que entraram pelo centro corriam em direção ao norte, encurralando o grosso dos exércitos franceses e ingleses num grande bolsão em direção ao canal da Mancha. A situação das tropas franco-britânicas era bastante crítica: nos calcanhares, em alta velocidade, a máquina de guerra nazista; e, à sua frente, o mar. Estavam numa armadilha.

Essa armadilha, que poderia ter resultado na morte da maioria dos soldados, foi solucionada com uma das maiores retiradas estratégicas da história militar. Trata-se da famosa retirada de Dunquerque. Centenas de barcos – desde vasos de guerra até pequenos botes de pescadores – foram utilizados para transportar as tropas para a Inglaterra. Nos primeiros dias de junho de 1940, cerca de 350 mil soldados ingleses e franceses tinham atravessado o canal e estavam a salvo na Inglaterra. A Luftwaffe de Goering havia tentado impedir, mas a pronta atuação da RAF (Real Força Aérea) infligiu uma derrota à Força Aérea Alemã.

O objetivo era, depois desses episódios, Paris. Diante do avanço das tropas nazistas, o governo francês de Reynaud fugiu para Bordéus. O comando das forças francesas ficou a cargo dos generais Pétain e Weygand, que, além de demonstrarem certas simpatias pelo regime nazista, foram tomados por grande espírito derrotista. Diante dessas circunstâncias, o primeiro-ministro renunciou e foi substituído por Pétain.

No dia 14 de junho as tropas nazistas já estavam marchando nos bulevares parisienses e a bandeira nazista, destacando a cruz suástica, tremulava sobre a torre Eiffel.

A Itália fascista não poderia deixar de participar desta guerra ao lado das forças vitoriosas. Afinal, Mussolini era amigo do Führer e seu país fazia parte do Eixo. Por isso o Duce ordenou que se "esmagasse" a França. Evidente que a falácia do Duce só se fez ouvir depois que a França estava praticamente derrotada. Mesmo assim as 35 divisões do "imbatível" exército fascista não conseguiram desalojar seis simples divisões francesas nos Alpes. Algumas forças alemãs precisaram ajudar os italianos, fato que se repetiria por quase toda a guerra.

O derrotismo das classes dirigentes francesas impediram, por todos os meios, que a esquerda de seu país articulasse uma resistência popular armada contra a invasão nazista. Os conservadores e derrotistas dirigentes da França preferiram dobrar-se diante da Alemanha: no dia 22 de junho de 1940 o marechal Pétain assinou o armistício com os nazistas.

A partir daí a França foi virtualmente dividida em duas. Uma parte, ao norte, incluindo Paris, diretamente administrada pela Alemanha; a outra parte, ao sul, dominada pelos franceses pró-nazistas – o marechal Pétain e Pierre Laval –, cuja capital era Vichy. Essa parte ficou conhecida como a França colaboracionista, ou França de Vichy.

A França, que resistira sem fraquezas durante quatro anos na última vez, foi posta fora desta guerra após seis semanas de luta. As tropas alemãs ocuparam a maior parte da Europa, do cabo norte acima do Círculo Ártico até Bordéus, do canal inglês (Mancha) até o rio Bug na Polônia oriental. Adolf Hitler havia atingido o seu ponto culminante. O antigo órfão austríaco que foi o primeiro a unir os

alemães num Estado verdadeiramente nacional, esse cabo da Primeira Guerra Mundial tornara-se, então, o maior dos conquistadores alemães. Tudo o que se interpunha entre ele e a implantação da hegemonia alemã na Europa sob sua ditadura era um indômito inglês, Winston Churchill, e o povo resoluto que Churchill guiava...
(William Shirer, *Ascensão e queda do Ill Reich.*)

Churchill sabia que a tarefa seria árdua. Num famoso discurso apelou ao povo inglês e aos Estados Unidos:

Embora grande parte da Europa e antiquíssimos e famosos Estados hajam caído ou possam ainda cair nas garras da Gestapo e de todo o odioso aparato do domínio nazista, não haveremos de retroceder nem fracassar. Iremos até o fim: lutaremos nos mares e oceanos, lutaremos com crescente confiança e poderio, no ar; defenderemos nossa Ilha custe o que custar; lutaremos nas praias, lutaremos nos aeródromos, lutaremos nos campos, nas ruas e nas colinas; jamais nos renderemos, e mesmo que – o que não creio sequer por um momento – esta Ilha ou uma grande parte dela seja subjugada e esteja passando fome, nosso Império de além-mar, armado e guardado pela esquadra britânica, continuará a lutar até que, quando Deus quiser, o Novo Mundo, com toda a sua força e poderio, se ponha em marcha para socorrer e libertar o Velho.

Apesar de esse discurso ter sido pronunciado pouco antes da queda da França, Churchill já tinha ideia de que a luta em território francês estava praticamente perdida e que o próximo alvo seria diretamente a Inglaterra. E a possibilidade de um ataque alemão ao território inglês era agora muito mais viável. Depois de terem tomado as costas da França e da Bélgica, os canhões nazistas poderiam alcançar parte da Grã-Bretanha. Mais importante ainda eram as bases aéreas que agora ficaram mais próximas do que nunca dos grandes centros industriais britânicos, para não se falar da tradicional Londres.

A França sofreu uma violenta derrota diante das tropas nazistas. Isso surpreendeu o mundo e principalmente os britânicos. Os ingleses eram os que mais temiam pela derrota da França. O general De Gaulle havia organizado um movimento de resistência francesa na Inglaterra, o que diminuía um pouco os temores ingleses. Mas, mesmo assim, a esquadra francesa corria o risco de ser incorporada à marinha de guerra nazista, tornando a defesa das ilhas britânicas cada vez mais vulnerável.

A invasão da Inglaterra estava nos planos de Hitler. O general Jodl, chefe do Alto Comando, chegou a dizer em julho de 1940: "A vitória final sobre a Inglaterra é agora uma questão de tempo". A operação militar contra a Inglaterra levou o nome, no código secreto alemão, de "Operação Leão-Marinho" e iniciou-se no dia 7 de setembro de 1940.

Para se ter uma ideia da força que tentou invadir a Inglaterra pelos ares, somente nos dias 13 e 14 de agosto de 1940 mais de 1.500 aviões alemães levantaram voo em direção à Grã-Bretanha. Os Spitfires (aviões de caça ingleses) conseguiram derrubar grandes quantidades de bombardeiros e caças alemães.

Não fosse a atuação da Real Força Aérea britânica, a RAF, o desastre poderia ser irreparável. Os radares, recém-aperfeiçoados pelos técnicos britânicos, prestaram vital auxílio à RAF na destruição dos efetivos da Luftwaffe. Ao mesmo tempo que alguns aviões defendiam a Inglaterra, outros atacavam as bases alemãs localizadas nas costas da Bélgica e da França. Logo em seguida, os pilotos britânicos surpreenderam os arrogantes alemães, bombardeando a "superprotegida" capital, Berlim.

A Inglaterra vencera a Alemanha na batalha aérea, fato que obrigou o ditador nazista a adiar seu plano de fazer os ingleses "dobrarem os joelhos", como ele dizia. Hitler ainda fez uma tentativa de atingir os britânicos através de Gibraltar, envolvendo a Espanha de Franco na guerra, mas o ditador espanhol não quis arriscar-se diretamente no conflito.

O plano global de Hitler era tentar convencer a Inglaterra de que deveria ser assinado um tratado de paz entre os dois países, pois dessa forma o Führer, senhor do III Reich, ficaria com as mãos livres para poder executar seu plano mais importante: iniciar o domínio do Leste. Mas enquanto isso não acontecia as operações bélicas passaram para o norte da África. Quase simultaneamente à declaração de guerra contra França e Inglaterra, as forças fascistas do Duce iniciaram a invasão do Egito, que se encontrava sob o domínio inglês. O principal objetivo era o canal de Suez. Os ingleses conseguiram sem grandes dificuldades revidar o ataque italiano, passando logo em seguida ao contra-ataque. Rapidamente as tropas inglesas estavam lutando na Líbia, importante colônia italiana na África. Hitler precisou socorrer Mussolini enviando o general

Rommel, que conseguiu reconquistar parte do norte da África com o emprego das famosas divisões blindadas dos Panzer. Mesmo assim a Itália perdia a Etiópia para os exércitos ingleses.

No Extremo Oriente o Japão tentava consolidar suas posições na China instalando um governo títere na cidade de Nanquim. A Indochina francesa (o Vietnã) e a Birmânia inglesa já estavam nas mãos do imperialismo japonês. A maior parte da China, no entanto, resistia aos soldados japoneses: o exército de Chiang Kai-chek, apoiado pelos comunistas de Mao Tse-tung, combatia tenazmente aos japoneses.

A operação Barbarossa: guerra à União Soviética

Antes de os alemães desencadearem a operação de ataque à União Soviética era preciso reordenar o *status quo* dos Estados balcânicos.

Desde o início do governo nazista, Hungria, Bulgária e Romênia eram Estados agrários dependentes de uma Alemanha industrializada. Apesar de Hitler não anexar formalmente esses territórios, eram uma espécie de Estados-satélites do III Reich. Tratava-se, sem dúvida, de uma região que também interessava à política externa soviética. Mas a intervenção direta da Alemanha na região se deu por causa da Itália.

Mussolini, o sócio menor do imperialismo alemão, para provar que não era mero satélite de Hitler, ordenou a invasão da Grécia no dia 28 de outubro de 1940. O Führer só foi avisado no último momento, fato que o encheu de cólera. Os italianos foram derrotados e bateram em retirada, perseguidos pelos exércitos gregos até a Albânia. Os italianos, encurralados, tiveram que esperar pela ajuda alemã até abril de 1941.

A questão da Iugoslávia precipitou a intervenção alemã na região. Em março de 1941, o governo da Iugoslávia passou a fazer parte do Eixo, mas uma conspiração militar derrubou o governo pró-nazista e instalou um novo governo, que se preparou para lutar contra a intervenção armada alemã. Hitler não podia admitir que essa região escapasse de seu controle e iniciou a invasão no dia 6 de abril. Depois de onze dias, a Iugoslávia estava dominada, e a campanha alemã prosseguiu pela Grécia para tirar as tropas do Duce da situação constrangedora. Na segunda quinzena do mês de abril, Grécia e Iugoslávia faziam parte dos domínios do insaciável imperialismo alemão. Agora seria a vez da União Soviética.

A intervenção alemã dos Balcãs, provocada em parte pela frustrada campanha italiana na região, atrasou por alguns meses os planos de invasão da União Soviética. Os preparativos para a invasão da União Soviética não podiam surpreender ninguém. No *Mein Kampf*, Hitler já deixara claro o problema da conquista do espaço vital a leste e a cruzada em defesa da civilização ocidental que a Alemanha deveria liderar contra a "barbárie" comunista. O pacto de não agressão foi somente uma forma de ganhar tempo. E o verão de 1941 era a época-limite para se iniciar a operação Barbarossa, que visava eliminar do mapa a União Soviética. A tomada dos Balcãs foi o primeiro passo para essa operação: não havia mais nenhuma influência soviética naquela região.

Os meses de abril e maio foram de intensa agitação diplomática e militar. Enquanto Hitler concentrava um enorme contingente bélico nas fronteiras com a União Soviética, Stalin procurava fazer concessões para impedir a guerra. Molotov, ministro das Relações Exteriores, protestou contra a violação do espaço aéreo e contra a concentração de tropas; Ribbentrop negou que isso estivesse acontecendo.

Em fins de abril, Churchill enviou uma mensagem a Stalin prevenindo-o do iminente ataque nazista. Os serviços secretos soviéticos apontavam na mesma direção. Stalin se recusou a dar crédito às informações que recebia. Nem mesmo o aumento dos exércitos alemães em suas fronteiras, que em maio de 1941 já haviam chegado a aproximadamente 1 milhão de soldados, o fazia crer numa invasão imediata. Algumas correntes da história militar chegam a afirmar que essa atitude de Stalin era para ganhar tempo e preparar-se para a guerra. Mas, se assim foi, o preço, como veremos, foi muito alto em vidas e materiais.

No dia 22 de junho de 1941, as 150 divisões do exército da Alemanha nazista iniciaram a invasão da União Soviética. Contrariando a opinião de seus generais, Hitler ordenou que o ataque fosse feito simultaneamente ao longo de toda a fronteira. Três exércitos atuaram numa linha que se estendia por cerca de 3 mil quilômetros. Em direção ao norte e para cercar Leningrado ia o exército do general Leeb; em direção ao centro e com o claro objetivo de atingir Moscou ia o exército do general Bock; Rundstedt comandava o exército que deveria tomar os campos de trigo da Ucrânia, ao sul da União Soviética.

Acompanhando as forças nazistas iam soldados italianos, romenos, húngaros e finlandeses somados a um pelotão de espanhóis franquistas. As colunas blindadas dos Panzer encontravam pequena resistência e caminhavam pelos campos abertos praticamente sem serem molestadas. Centenas de milhares de prisioneiros russos caíam nas mãos dos nazistas.

O Exército Vermelho não conseguia impedir o rápido avanço das tropas nazistas, que, em menos de um mês, penetraram mais de 750 quilômetros no interior do território soviético, chegando às portas de Moscou. O exército soviético estava sofrendo as consequências dos expurgos feitos por Stalin alguns anos antes, que ceifou as melhores lideranças militares da Rússia soviética. Outro problema que ajuda a entender as derrotas soviéticas foi a inadequação do exército russo à guerra moderna e mecanizada.

Entre julho e setembro nada parecia deter o avanço nazista. No centro, além do cerco de Moscou, os alemães já haviam tornado toda a Rússia Branca, capturando Smolensk, a segunda maior cidade soviética. Ao sul, Kiev e toda a Ucrânia haviam sido tomadas. Ao norte, o cerco de Leningrado submeteu aquela cidade a novecentos longos dias de fome e doenças.

Será que o Exército Vermelho se retirava estrategicamente como havia feito o general Kusnetsov, em 1812, durante a invasão da *Grande Armée* de Napoleão? Não era bem assim, pois o Exército Vermelho não se achava preparado para esse tipo de guerra. Somente depois de certo tempo é que Stalin conseguiu recobrar o ânimo e tomar o comando do país para enfrentar a invasão nazifascista. Pode-se argumentar que Stalin utilizou o tempo entre a assinatura do pacto de não agressão com os nazistas para reequipar o exército, mas o mesmo se deu com Hitler, pois os combates a oeste praticamente não existiam.

No entanto, Stalin tentou reagir e fez um pronunciamento quinze dias após o início da invasão:

O inimigo é cruel e implacável. Pretende tomar nossas terras regadas com o suor de nossos rostos, tomar nosso cereal, nosso petróleo, obtidos com o trabalho de nossas mãos. Pretende restaurar o domínio dos latifundiários, restaurar o czarismo... germanizar os povos da União Soviética e torná-los escravos de príncipes e barões alemães... Por isso o povo deve abandonar toda a benevolência... não pode haver clemência para o inimigo... E (principalmente) em caso de retirada forçada... todo o material rodante tem que ser evacuado. Ao inimigo não se deve deixar um único motor, um único vagão de trem, um único quilo de cereal ou galão de combustível... Todos os artigos de valor, inclusive metais, cereal e combustível, que não puderem ser retirados, devem ser destruídos sem falta... Nas áreas ocupadas pelo inimigo devem organizar-se guerrilhas, montadas a pé, devem formar-se grupos de sabotagem para combater o inimigo.

Embora os russos esboçassem alguma resistência, os exércitos nazifascistas eram implacáveis. A profunda penetração dos alemães em território soviético frustrou a mobilização e não impediu que fossem "incorporados" às conquistas nazistas os ricos territórios da União Soviética. Até novembro de 1941 os nazistas haviam conquistado um território em que viviam 40% de toda a população soviética, onde se encontravam 41% das linhas férreas, 38% do gado bovino, 38% dos cereais e mais de 68% da produção de ferro fundido de todo o país.

Sem dúvida, os esforços de transferir as indústrias para além dos Urais foram muito importantes para a recuperação do ritmo da produção, mas os resultados demorariam para ser sentidos.

De qualquer forma a guerra adquiria agora uma característica específica: a luta não estava sendo mais travada entre os países imperialistas, fato que sugeria uma aliança *sui generis* entre países capitalistas e um país socialista para enfrentar um inimigo comum. O importante é que mesmo depois de formalizada a aliança, como veremos,

[...] durante longos três anos o Exército Vermelho iria agora enfrentar quase que sozinho, em seu território, as forças de Hitler; teria que ceder um vasto e valiosíssimo território, sangrar mais profundamente do que qualquer exército sangrara, e esperar em ansiosa e paralisante incerteza pela abertura de uma segunda frente no Ocidente.

(Isaac Deutscher, *Stalin.*
A história de uma tirania.)

A sorte dos territórios e das populações sob o domínio dos nazistas foi marcada por uma política terrorista que jamais se viu em toda a história anterior. Hitler, em uma diretiva durante a invasão, deixou claro o que fazer com as cidades: Moscou e Leningrado deveriam ser destruídas juntamente com suas populações, pois dessa forma não haveria necessidade de alimentá-las. Keitel, o general chefe da OKW, deu instruções às tropas que chegavam ao território soviético:

> *[...] utilizar meios ilimitados quaisquer que eles sejam, inclusive contra mulheres e crianças. Nenhum alemão que participe das operações deve ter a responsabilidade pelos atos de violência nem ser submetido a nenhuma medida disciplinar.*

Pelo que se pode notar no relato de uma testemunha, os soldados cumpriam as determinações terroristas de seus líderes nazistas:

> *No princípio era ótimo. Avançávamos tomando centenas de cidades e vilas. Depois começou o cansaço. Você sabe como nos comportávamos em relação aos civis? Como diabos saídos do inferno. Deixamos milhares deles morrerem de fome. Como se pode vencer a guerra dessa maneira? Você acha que eles não vão se vingar de algum modo? Claro que vão. Matamos os prisioneiros pelo menor motivo. É só colocá-los contra as paredes e matar todo o grupo. Ordenamos que todos os habitantes da vila comparecessem às execuções [...] É um círculo vicioso. Nós os odiamos e eles nos odeiam... Acredite em mim, Else, se alguma vez os russos batessem nesta porta e aqui fizessem metade do que lhes fizemos você nunca mais iria sorrir ou cantar.*
>
> (Narração de um soldado alemão à sua mulher durante licença da campanha na frente oriental. In *Século XX.*)

Apesar de os exércitos nazistas terem se aproximado bastante de Moscou, a defesa da capital impediu sua queda. Quando, em outubro, Bock se preparava para o assalto final, os principais membros do governo soviético haviam se transferido mais para o interior. O povo se sentiu abandonado e multidões invadiram os armazéns, saqueando-os. Mas Stalin se recusou a sair da capital. Sua presença ajudou a restaurar a confiança nos moscovitas, que sob o comando de novos generais iniciavam a preparação para a batalha de Moscou.

Hitler queria que a capital fosse tomada o mais rápido possível e que fosse destruída para apagar o símbolo do comunismo inter-

Uma cidade russa em ruínas, no transcorrer da luta entre os exércitos alemão e russo.

nacional. Para isso ordenou que o exército de mais de 1 milhão de homens, sob o comando do general Bock, se concentrasse em torno de Moscou. Tomaram parte nessa grande operação bélica 1.700 tanques e canhões e quase mil aviões. Mas essa formidável força não conseguiu romper a defesa da capital. Os russos lutaram bravamente em defesa de Moscou. Os generais alemães mostraram-se surpresos diante da eficácia dos tanques soviéticos T-34, "que eram tão pesadamente blindados que as granadas dos canhões antitanques se tornavam ineficazes contra eles". No ar também a Luftwaffe se mostrava pouco eficiente. Os aviões soviéticos pareciam nunca acabar: logo que um era derrubado apareciam dois para substituí-lo.

O exército nazista começou a ser vencido e empurrado. O rigoroso inverno russo contribuía para derrotá-lo. Pela primeira vez a Wehrmacht estava sendo batida. Hitler, desesperado, ordenou a resistência a qualquer preço. Os alemães recuaram a uma distância de 400 quilômetros de Moscou. A batalha de Moscou significou uma reviravolta na cena da guerra.

A vez dos Estados Unidos e a guerra no Pacífico

"Encontramo-nos diante da possibilidade de um conflito entre o Japão e os Estados Unidos, pois há muitas décadas vem se dando uma tenaz luta entre ambos os países pelo Pacífico e pela posse de suas costas... toda a história diplomática, econômica e comercial no Pacífico faz inevitável uma guerra entre os Estados Unidos e o Japão", isso foi dito no começo do século. Essa previsão estaria certa?

Os interesses dos Estados Unidos no Pacífico estavam cada vez mais pressionados pelo avanço japonês sobre as antigas possessões francesas na Indochina, por exemplo. Mas outro fator que impelia os dois países à guerra era que, enquanto os Estados Unidos se aproximavam da Inglaterra, o Japão se aproximava da Alemanha. No começo de 1940, os Estados Unidos já haviam assinado a famosa Carta do Atlântico com a Inglaterra – através de um encontro entre Roosevelt e Churchill, em pleno Atlântico, que estabelecia uma série de princípios orientadores da política internacional.

Por outro lado, o Japão formalizava a aliança com a Alemanha e a Itália. Apesar da crescente hostilidade entre os dois países, os diplomatas americanos e japoneses faziam gestões para evitar o conflito. Pelo menos aparentemente, pois os planos dos imperialistas japoneses eram atingir os Estados Unidos de surpresa. O presidente americano Franklin D. Roosevelt sabia que a guerra era inevitável; na verdade a guerra era desejável. Hoje sabemos que Roosevelt tinha conhecimento dos códigos das mensagens secretas sobre a invasão que se preparava. Não evitou a invasão. A guerra, para os Estados Unidos, era um bom negócio. Um estimulante à economia americana, que estava em semiparalisia desde 1929.

O ataque de surpresa foi desfechado por uma operação conjunta da marinha e da aviação japonesas contra a base americana de Pearl Harbor no Pacífico (Havaí), no dia 7 de dezembro de

1941, no mesmo momento em que o embaixador do Japão conversava com o secretário de Estado americano.

Quatro dias depois do ataque japonês à base americana, a Itália e a Alemanha declararam guerra aos Estados Unidos. Pouco a pouco a guerra envolveu, direta ou indiretamente, todos os países do mundo. O Brasil, por exemplo, além de importante fornecedor de matérias-primas básicas para os Estados Unidos, participou diretamente da guerra por ocasião da retomada da Itália, entre 1944 e 1945.

A rápida expansão pelo Pacífico garantiu aos japoneses a anexação de uma enorme área com mais de 150 milhões de habitantes. Da Malásia, das Filipinas, da Birmânia, da Indochina e de centenas de ilhas do oceano Pacífico, o Japão retirava mão de obra e matérias-primas necessárias para sua indústria bélica.

Somente a partir de maio de 1942, os Estados Unidos começaram a recuperar os terrenos perdidos.

Durante o ataque nazista à União Soviética, os *raids* aéreos da Luftwaffe sobre a Inglaterra diminuíram enormemente. Esse fato ajudou a formalizar-se a ideia de cooperação entre os dois países na luta contra o nazifascismo. Agora, com a entrada dos Estados Unidos no conflito, a guerra tomara sua "forma final". Inicialmente os Estados Unidos estreitaram sua aliança com a Inglaterra e, em seguida, essa aliança foi formalizada com a União Soviética. E claro que havia muitas dificuldades nessa estranha aliança. Stalin, por exemplo, insistia na manutenção dos territórios poloneses adquiridos depois do pacto de não agressão com os nazistas. Roosevelt insistia em que não se discutissem questões políticas, por enquanto, e que se reforçasse a aliança militar.

Para os Estados Unidos a derrota da Alemanha tinha prioridade, e nisso se aproximavam dos soviéticos.

4. A batalha de Stalingrado: o início da queda do III Reich

A campanha de contra-ataque das forças soviéticas iniciada em Moscou se estendeu até maio de 1942. Os nazistas foram afastados de suas linhas de ataque inicial. As derrotas nazistas diante das portas de Moscou tiveram importantes repercussões: a crença nas forças do socialismo aumentou, enquanto o mito da invencibilidade do exército alemão caiu por terra.

Sem dúvida, o peso maior da guerra estava na frente oriental. O grosso das forças nazistas estava na frente oriental, e as batalhas travadas na frente ocidental eram pequenas manobras comparadas aos embates travados entre os nazistas e os soviéticos. Por essa razão é que o governo soviético clamava a seus aliados a abertura de uma segunda frente na Europa, principalmente na França, com o objetivo de aliviar a violenta pressão que os exércitos alemães faziam na frente oriental. Churchill visitou Moscou em julho de 1942 e explicou que os Aliados tentariam abrir uma frente ao sul da Itália, sem data precisa. Stalin achava que aquilo era mais um golpe político do que militar por parte do anticomunista Churchill. De qualquer forma, os ingleses garantiram que a segunda frente seria aberta em 1943, mas, como veremos, isso não se concretizou.

O verão de 1942 foi gasto na organização de novas investidas do exército alemão. Apesar de a iniciativa do contra-ataque ter ficado com os exércitos soviéticos, a campanha resultou em fracasso. Parecia que Hitler recobrara o ânimo e a invencibilidade.

Em meados de 1942, a OKW e os vários comandos do exército alemão acreditavam na possibilidade de destruir o Exército Vermelho soviético. Sem dúvida, o potencial do exército alemão mantinha-se praticamente inalterado. Como a tomada de Moscou não havia sido possível, Hitler concentrou seus esforços no sul da União Soviética, em direção ao rio Volga, com objetivos militares e econômicos. Num discurso que pronunciou no dia 9 de setembro de 1942, Hitler deixou clara a ideia da importância da conquista de determinadas regiões da União Soviética:

> *[...] primeiro arrebatar do inimigo as últimas zonas trigueiras, segundo, arrebatar o carvão coquificável que ainda lhes restava, terceiro, avançar até seus campos petrolíferos, tomá-los ou então ilhá-los, e quarto seguir a ofensiva para cortar ao inimigo sua última grande artéria fluvial, o Volga.*

Na região situava-se a cidade de Stalingrado, centro de importantes indústrias e de confluências de vias de comunicação com o sul petrolífero, que era, acima de tudo, a cidade de Stalin. Para Hitler, psicologicamente era necessária destruir essa cidade, e Stalin tudo faria para não entregar sua cidade ao ditador nazista.

Hitler tomou a decisão em julho de 1942: capturar Stalingrado e todo o rico Cáucaso de uma só vez. Velhos estrategistas perceberam que isso era impossível. Hitler mudou seu quartel-general para a Ucrânia, o ponto mais próximo da frente de batalha, e aí teve um rápido diálogo com o general Halder, transcrito pelo clássico William Shirer: "Certa vez, quando foi lido para Hitler um relatório objetivo mostrando que, ainda em 1942, Stalin seria capaz de reunir de 1 milhão a 1 milhão e 200 mil soldados novos na região ao norte de Stalingrado e a oeste do Volga, sem contar o meio milhão de homens no Cáucaso, e que dava provas de que a produção russa de tanques para as linhas de frente montava, pelo menos, a 1.200 unidades por semana, Hitler lançou-se para o homem que estava lendo e, espumando de raiva, proibiu-o de ler qualquer coisa mais sobre tais tolices". A arrogante e louca superioridade de que Hitler estava imbuído o fazia cego e surdo aos relatórios. Para ele, a Alemanha era imbatível e dentro em pouco a União Soviética estaria derrotada e humilhada aos pés dos senhores germânicos. O objetivo era, a qualquer custo, o Volga, Stalingrado e o Cáucaso.

Uma poderosa força de blindados dirigiu-se para a Crimeia e tomou Sebastopol. Seguiram imediatamente em direção ao rio Don com o objetivo de cercar Stalingrado. O Alto Comando Alemão pretendia tomar a cidade em algumas semanas e reiniciar o ataque a Moscou. O VI Exército, sob o comando de von Paulus, foi encarregado de tomar a cidade. O avanço de seus tanques parecia irresistível. Na primeira quinzena de setembro, os combates davam-se nas vias de acesso à cidade. Logo depois, lutava-se nos subúrbios e na própria cidade de Stalingrado. O pânico tomou conta dos soviéticos. O moral dos civis e militares era bastante baixo. Conta-se que Stalin condenou vários generais por negligência. Depois disso, o comando soviético, agora nas mãos do general Zukov, recobrou a autoconfiança e se preparou para a defesa.

Embora a velocidade do avanço alemão tivesse diminuído consideravelmente, o cerco se apertava. As provisões para os soviéticos tinham que chegar pelo rio, tamanha era a dificuldade de comunicação por terra. Mas a resistência se tornava cada vez mais forte. Soldados do Exército Vermelho combatiam ao lado de operários, muitos deles veteranos que haviam lutado naquela mesma cidade durante a guerra civil sob o comando de Joseph Vissarionovitch Dzhugashvili, o verdadeiro nome de Stalin. A defesa concentrou-se em três pontos: Fábrica de Tratores, Usina de Aço Outubro Vermelho e Fábrica de Material Bélico Barricada. No dia 5 de outubro, Stalin emitiu a seguinte ordem: "Exijo que tomem as medidas para defender Stalingrado... Stalingrado não deve render-se ao inimigo, e a parte que dela foi capturada pelo inimigo deve ser libertada". Lutava-se desesperadamente em ambos os lados, pois as ordens de Hitler também eram incisivas: tomar Stalingrado a qualquer custo.

O testemunho de um tenente do exército alemão serve para visualizar a violência das batalhas:

> *Para tomarmos uma única casa lutamos quinze dias, lançando mão de morteiros, granadas, metralhadoras e baionetas. Já no terceiro dia, 54 cadáveres de soldados alemães estavam espalhados pelos porões, pelos patamares e pelas escadas. Nossa frente é um corredor ao longo de quartos incendiados... Pelas chaminés e escadas de incêndio das casas vizinhas é que chegam reforços. A luta não cessa nunca. De um andar para o outro, rostos enegrecidos pelo suor, nós nos bombardeamos uns aos outros com granadas, em meio a explosões, nuvens de poeiras e fumaça, montes de argamassa, em meio ao dilúvio de sangue, aos destroços de mobiliário de seres humanos. Perguntem a qualquer soldado o que significa meia hora de luta corpo a corpo numa peleja deste tipo. Depois imaginem Stalingrado oitenta dias e oitenta noites só de luta corpo a corpo. As ruas já não se medem por metros, mas por cadáveres... Stalingrado já não é mais uma*

cidade... quando chega a noite... causticante de sangue e de gemidos, os cães lançam-se às águas do Volga e nadam desesperadamente à outra margem... Só os homens resistem.

(In Alain Clark, *Stalingrado – Século XX.*)

Diz-se que nessa batalha o quilômetro como medida de distância foi substituído pelo centímetro, e o mapa da frente de batalha era a planta da cidade. "A conquista de uma única rua custava aos alemães tanto tempo e sangue quanto eles haviam gasto até então na conquista de países inteiros na Europa."

No dia 19 de novembro, os alemães receberam ordens de lançar o ataque final sobre Stalingrado. Nesse mesmo dia, Stalin determinou a seus generais que se iniciasse a contraofensiva. A ideia básica de Stalin e seus mais íntimos colaboradores militares era bastante simples: aproveitar a arrogância e o atrevimento de Hitler ao avaliar que o Exército Vermelho estava destroçado.

O comando-geral do contra-ataque soviético estava nas mãos de Zukov, que despontava como um dos maiores estrategistas deste grande conflito. Três exércitos começaram a convergir para Stalingrado, 450 tanques T-34 e mais de 2 mil canhões foram utilizados pelos soviéticos. Os reforços que von Paulus desesperadamente pedia pelo rádio não conseguiam romper essa barreira de aço e fogo. Os primeiros a serem postos fora de combate foram os italianos, romenos e húngaros.

No quartel-general alemão situado na Ucrânia, o desespero começava a tomar conta. Os italianos estavam representados nas discussões da guerra pelo conde Ciano, genro de Mussolini e ministro do Exterior da Itália. "Quando um membro do grupo de Ciano perguntou a um oficial do OKW se os italianos tinham sofrido pesadas perdas ele respondeu: 'Nenhuma perda. Eles estão fugindo'."

Mas no campo de batalha a situação se redefinia: os alemães, que estavam até aquele momento sitiando Stalingrado, passaram a ser sitiados. Stalin ordenou que não se atacassem os exércitos sitiados de von Paulus, mas que Zukov dirigisse suas forças contra as tropas que estavam fora do cerco, afastando-as para além do rio Don, que corre ao lado do Volga (ver mapa). Hitler tentou reagir, ordenando a Luftwaffe que organizasse um corredor para suprir os homens do VI Exército de von Paulus, mas a aviação alemã não tinha um número suficiente de aparelhos para a operação.

O chefe do estado-maior alemão, general Zeitzel, pediu permissão a Hitler para autorizar a rendição como única saída para salvar mais de 200 mil homens. Hitler foi incisivo: "Não deixarei o Volga", ordenando pessoalmente que von Paulus resistisse. O Exército Vermelho, senhor da situação, enviou no começo de janeiro três oficiais portando bandeiras brancas com um documento oferecendo a rendição:

> *A situação de vossas tropas é desesperada. Elas estão sofrendo fome, doenças e frio. O cruel inverno russo mal começou. Geadas, ventos frios e nevascas ainda vos esperam. Vossos soldados não se acham providos de roupas de inverno e estão vivendo em horríveis condições sanitárias... Vossa situação é desesperada e qualquer resistência, ainda, insensata. Em vista disso, e a fim de evitar um derramamento de sangue desnecessário, propomos que aceitais os seguintes termos de rendição:*
> *– todos os prisioneiros receberão rações normais;*
> *– tratamento médico aos doentes e feridos;*
> *– conservação dos postos e condecorações e pertences pessoais.*

Hitler, tomando conhecimento dessas negociações, ordenou inflexivelmente:

> *Proibida a rendição. O VI Exército defenderá suas posições até o último homem e o último cartucho, e com sua heroica resistência fará contribuição inesquecível para o estabelecimento de uma frente defensiva e para a salvação do mundo ocidental.*

Hitler promoveu von Paulus a marechal de campo como estímulo para morrer em um posto mais elevado em nome da Alemanha.

Avanços e recuos na Batalha de Stalingrado

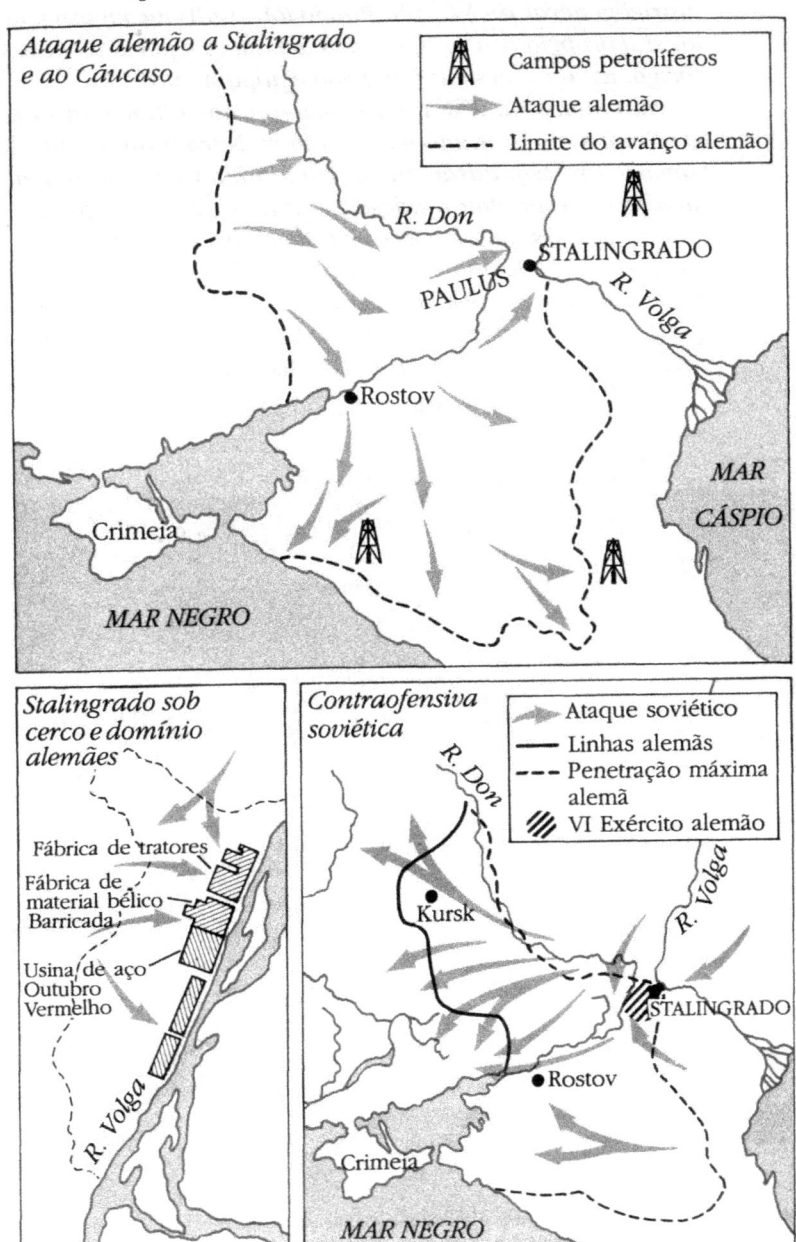

Ataque alemão a Stalingrado e ao Cáucaso

- 🛢 Campos petrolíferos
- → Ataque alemão
- --- Limite do avanço alemão

R. Don
STALINGRADO
PAULUS
R. Volga
Rostov
MAR CÁSPIO
Crimeia
MAR NEGRO

Stalingrado sob cerco e domínio alemães

- Fábrica de tratores
- Fábrica de material bélico
- Barricada
- Usina de aço Outubro Vermelho

R. Volga

Contraofensiva soviética

- → Ataque soviético
- — Linhas alemãs
- --- Penetração máxima alemã
- ▨ VI Exército alemão

R. Don
Kursk
R. Volga
STALINGRADO
Rostov
Crimeia
MAR NEGRO

Às 7:45 (de 1º de fevereiro), o operador de rádio do quartel-general do VI Exército enviou a última mensagem por sua própria conta: "Os russos acham-se à porta de nosso abrigo. Estamos destruindo nosso equipamento".

Não houve luta no quartel-general nos últimos instantes. Paulus e seu estado-maior não resistiram até o último homem. Um esquadrão russo, comandado por um oficial subalterno, espreitou a adega em que se achava o comandante-chefe. Os russos exigiram a rendição, e o chefe do estado-maior do VI Exército, general Schmidt, aceitou-a. Paulus achava-se sentado em seu leito de campanha, deprimido. Quando Schmidt perguntou-lhe se havia alguma coisa mais para dizer, não respondeu, tão exausto estava.

(William Shirer, Ascensão e queda do III Reich.)

Uma pedra na estrada.

A importância de Stalingrado para o desenrolar da Segunda Guerra, segundo a visão satírica de Belmonte.

Terminara uma das maiores batalhas da História. Dos 250 mil soldados restavam cerca de 100 mil em péssimas condições de saúde. E pela primeira vez um marechal de campo do exército alemão caiu prisioneiro. A batalha de Stalingrado significou o ponto mais alto da Segunda Guerra Mundial, ao mesmo tempo que significou a virada definitiva da maré. Daí por diante, as iniciativas passariam definitivamente para as mãos do exército soviético. Essa batalha, juntamente com as atividades no Ocidente e na África, significou o início do fim do Reich de mil anos de Hitler e do grande capital alemão.

Em grande parte a vitória soviética sobre os nazistas deveu-se à resistência que as populações ofereciam ao terrorismo imposto pelos alemães. Por outro lado, deveu-se também à rápida recuperação econômica que se manifestou principalmente na produção de aviões, que foi considerada uma das maiores realizações técnicas do período da Segunda Guerra Mundial.

As ações na frente ocidental e o papel da Resistência na guerra

No Ocidente, antes da abertura de frentes mais importantes, as batalhas eram sobretudo travadas no mar e no ar. Entre 1941 e 1942, a RAF conseguiu manter Berlim, Colônia, Hamburgo e principalmente a região industrializada no Ruhr sob constantes bombardeios. Entraram em ação também os famosos B-17 da Força Aérea dos Estados Unidos (USAF), conhecidos como Fortalezas Voadoras. A ação aérea dos americanos e ingleses só foi possível porque grande parte dos efetivos da Luftwaffe estava mobilizada na frente russa.

No mar, os americanos e ingleses tiveram de enfrentar uma frota de guerra da Alemanha nazista muito bem equipada e preparada. Em especial, ficou famoso o couraçado Bismarck, o maior já construído durante a guerra. Esse navio da marinha alemã espalhou o terror no mar do Norte, em maio de 1941, afundando o mais famoso navio da marinha britânica. O Bismarck foi afundado depois de um ataque simultâneo da RAF e da marinha inglesa.

No mar, a guerra se fez em grande parte pelos submarinos alemães, que por um bom tempo predominaram na chamada batalha do Atlântico. Foi uma longa batalha entre os mais de quatrocentos submarinos alemães e os barcos de guerra que escoltavam os comboios mercantes encarregados de suprir os Aliados. Até 1942, os submarinos alemães conseguiram afundar cerca de 6 milhões de toneladas somente da marinha mercante dos Aliados.

Além das frentes de batalhas, desenvolvia-se também uma guerra numa espécie de frente secundária. Essa frente secundária era representada pelas organizações que ofereciam resistência tenaz e heroica à implantação da chamada "nova ordem" nazista, que representou um dos maiores flagelos para a civilização. De modo geral, a resistência aos nazistas seguia duas orientações: uma que agrupava os elementos de esquerda, liderados quase sempre pelos comunistas, outra que agrupava os elementos liberais da burguesia ligados aos respectivos governos no exílio, na Inglaterra.

A Resistência cresceu nas áreas rurais e nas cidades onde o trabalho forçado era implantado pelo programa de mão de obra nazista. No campo lutava-se nas montanhas, enquanto nas cidades caía-se na clandestinidade para fazer atos de sabotagens. A vida dos membros da Resistência de vários países ocupados era bastante arriscada. A Gestapo (polícia política nazista) era impiedosa com os membros que caíssem em suas garras: eram executados depois de passar por torturas, que demonstravam o refinamento de sadismo dos nazistas. Os elementos mais combativos dos movimentos de resistência eram trabalhadores e intelectuais. E o prestígio dos comunistas nos movimentos de resistência aumentou bastante depois da derrota dos nazistas em Moscou e em Stalingrado.

Na Polônia, devido aos desentendimentos com Stalin por questões fronteiriças, a Resistência ficou sob a liderança de elementos conservadores e ligados ao governo no exílio, em Londres. Na Iugoslávia, no entanto, a situação era diferente. Havia duas grandes correntes da Resistência. O coronel Draja Mihailovich organizou nas montanhas um grupo de guerrilheiros conhecidos pelo nome de *chetniks*. Não era muito popular, pois seu programa pressupunha uma supremacia dos sérvios, não atendendo aos interesses de outros grupos étnicos, como os croatas. Entretanto, um outro líder da Resistência era mais popular: Josip Bros, mais conhecido como Tito. Seu programa propunha uma conciliação entre sérvios e croatas. Militante comunista e operário, organizou seus guerrilheiros, os *partizans,* de forma que em 1942 já possuía um governo na clandestinidade. Os guerrilheiros de Tito moveram um violento combate às forças nazistas, a ponto de o exército alemão ter que manter aproximadamente dez divisões mobilizadas na região.

Na França, a Resistência também obedecia a duas tendências: uma comunista e outra não comunista, que seguia as orientações de De Gaulle. O início das atividades da Resistência francesa deu-se logo após a assinatura da rendição e da formação do governo colaboracionista de Pétain: De Gaulle emitiu pelo rádio um chamado aos franceses para continuarem lutando contra os ocupantes da pátria francesa. O Partido Comunista Francês teve grande atividade na Resistência, e vários de seus militantes foram mortos pelos nazistas, entre eles Gabriel Péri, editor do jornal clandestino *L'Humanité*.

A Resistência foi um importante instrumento de luta contra as forças nazistas. O constante clima de sabotagem e de atentados manteve em vários países apreciável número de nazistas sempre ocupados. Desempenhou ainda importante papel de espionagem que auxiliou a entrada dos Aliados no norte da França. Quando os americanos e ingleses chegaram à França, encontraram vários departamentos liberados pelas forças da Resistência.

A situação da África e a questão da segunda frente

Desde o final de 1940 a África passou a ser um importante cenário da guerra. Os italianos, depois da frustrada tentativa de invasão do Egito, deixaram mais de 130 mil prisioneiros para os ingleses e ainda corriam o risco de perder a Líbia. Novamente Hitler mandou ajuda a seu desajeitado "sócio". O cinema norte-americano encarregou-se de imortalizar um general alemão que desempenhou suas atividades militares no norte da África: o general Erwin Rommel, chamado de "Raposa do Deserto". Com sua divisão do *Afrika Korps* (blindados Panzer), Rommel e seus soldados empurraram os ingleses que combatiam os italianos. Mas, com a invasão da União Soviética, muitos dos efetivos de Rommel foram deslocados para a frente oriental, dando condições para os ingleses retomarem a iniciativa.

Mas, em maio de 1942, Rommel contra-atacou as forças inglesas e até meados de julho os alemães se aproximaram rapidamente das margens do rio Nilo. As forças inglesas estavam próximas de um colapso, mas se detiveram na região de El Alamein, distante 100 quilômetros de Alexandria. Ali, sob o comando de um novo comandante, marechal Montgomery, se reequiparam e se prepararam para uma contraofensiva com o auxílio dos novos tanques Sherman, de fabricação norte-americana.

Em outubro a artilharia de Montgomery começou a romper o cerco do *Afrika Korps* de Rommel. Entre os dias 7 e 8 de novembro iniciavam-se, simultaneamente, a batalha de El Alamein e o desembarque de forças conjugadas americanas e inglesas na Argélia e no Marrocos, sob o comando do general Eisenhower. Rommel estava encurralado, agora sob dois fogos, pois Montgomery perseguia os alemães. Em janeiro findava a batalha do norte da África onde mais de 250 mil soldados italianos e alemães caíram prisioneiros dos Aliados. Rommel conseguiu escapar para a Europa. Com a perda do norte da África, o caminho pelo domínio do Mediterrâneo e da Itália ficava aberto.

Mas a situação política do norte da África era bastante complicada. Os norte-americanos entraram em contato com o general Giraud, de claras tendências conservadoras, para entregar-lhe a administração da África francesa. Esse fato causou um incidente político, pois essa função era reivindicada por De Gaulle, que dirigia o governo francês no exílio. A situação tornou-se mais tensa ainda, pois os comandados de Giraud eram francamente favoráveis ao *status quo* fascistizante da França de Vichy. Chegou a haver combates entre americanos e franceses colaboracionistas. Mesmo a tentativa de estabelecimento de um outro governo, do almirante Darlan, também ligado ao governo de Vichy, não resolveu a tensa situação. Somente em outubro de 1943, De Gaulle passou a controlar as velhas províncias africanas francesas.

A abertura de uma segunda frente era constantemente reclamada por Stalin. Os Aliados do Ocidente somente conseguiram iniciar os preparativos de uma invasão na Europa depois da conquista da África do norte. Mesmo assim a União Soviética reclamava que a abertura de uma frente na Itália, como a que os Aliados iriam realizar, não teria o mesmo peso militar se fosse realizada na França. Apesar de tudo, Roosevelt e Churchill decidiram invadir a Sicília como o primeiro passo para tomar a Itália.

O ataque à ilha italiana começou em julho de 1943 com o desembarque de 160 mil soldados. Com apoio de um prévio desembarque de paraquedistas, os soldados chegaram em imensas barcaças especialmente fabricadas para esse tipo de operação. Depois de lutarem nas praias, a conquista prosseguiu rapidamente. As tropas italianas rendiam-se sem oferecer resistência.

No Pacífico, depois de 1942, com a batalha do mar de Coral,

a iniciativa passou para as mãos das forças norte-americanas. Mas foi somente com a batalha de Midway que os Estados Unidos mudaram o rumo da guerra no Oriente.

Em julho de 1943 Mussolini foi deposto pelo chamado Conselho Fascista. Mas pouco depois, com a ajuda de Hitler, instaurou um governo no norte da Itália, pois a região sul já havia sido invadida pelas tropas norte-americanas vindas da Sicília.

Mussolini, no norte da Itália, passa em revista suas tropas.

5. As duas frentes: Oriente e Ocidente

Depois da batalha de Stalingrado, o avanço do Exército Vermelho parecia não encontrar mais obstáculos. A libertação da rica Ucrânia já havia sido iniciada, mas a retomada da ofensiva soviética foi interrompida na primavera de 1943. O Alto Comando Alemão, num último esforço, ordenou uma violenta investida, principalmente na região de Kursk.

A grande ofensiva de Hitler nessa região tinha o objetivo de retomar o caminho para o Volga, o Cáucaso e Moscou. Cerca de 500 mil soldados participaram dessa operação com o apoio de dezesseis divisões de tanques Tigre, com blindagem especial. Mas as forças soviéticas estavam preparadas. Com mais de 1 milhão de soldados, o Exército Vermelho não só suportou o ataque, como também destruiu metade das divisões Panzer e iniciou uma violenta contraofensiva. Smolensk, Karkok, Orel eram as cidades que o exército soviético ia libertando do domínio nazista. Depois, praticamente toda a Ucrânia estava libertada, e com ela sua capital, Kiev. A retirada dos nazistas foi marcada par macabros espetáculos: eliminavam muitas vezes a população inteira de determinadas aldeias. Centenas de milhares de russos morreram durante a retirada.

Diante do avanço dos exércitos soviéticos, não havia mais dúvida quanto aos resultados da guerra. Por essa razão, os líderes dos três países que lutavam contra a Alemanha nazista sentiram necessidade de reordenar a condução da luta e pensar em acordos para depois de finda a guerra. Mas a razão mais importante que levou os três aliados a se reunirem foi uma mútua desconfiança que já existia. Desde o início da guerra, Stalin tinha sérias desconfianças de que os ocidentais queriam empurrar a Alemanha contra a União Soviética. Com o desenrolar da guerra e a formação da aliança com a Alemanha nazista, a União Soviética passou a desconfiar que tanto ingleses como norte-americanos poderiam assinar uma paz em separado com Hitler. Agora, depois das avassaladoras vitórias dos exércitos soviéticos, quem começava a desconfiar de uma paz em separado eram ingleses e americanos.

A reunião foi marcada para novembro de 1943 em Teerã, capital do Irã, país ocupado por tropas soviéticas e britânicas. O primeiro ponto básico exposto por Stalin foi a urgência e necessidade da abertura de uma segunda frente na França. Churchill continuava reticente nessa questão. Para ele os Aliados deveriam aumentar sua participação de guerra no Mediterrâneo e nos Balcãs. Stalin repeliu mais essa proposta de uma aventura inglesa no Mediterrâneo, que teria diminuído as futuras influências soviéticas na região. Stalin ganhou um forte adepto a suas concepções de condução de guerra na Europa: Roosevelt, que apoiou veementemente a proposta do líder soviético.

Mas a mais importante vitória obtida por Stalin nessa reunião não foi no campo militar. Roosevelt e Churchill concordaram secretamente, mas não sem relutância, com as exigências soviéticas sobre as fronteiras com a Polônia. Essa concordância por parte de Churchill, principalmente, se fez porque o Exército Vermelho se encaminhava rapidamente para a fronteira polonesa. Formalizava-se algo que já estava por acontecer no plano concreto.

A abertura da segunda frente na França ficou acertada para meados do ano de 1944. Mas, antes, os Aliados iriam tentar completar a missão na Itália. A Itália era o único ponto do continente europeu em que as forças britânicas e americanas lutavam diretamente contra os alemães. A ofensiva foi reiniciada em janeiro de 1944 e o objetivo era atingir Roma, ocupada pelo alemães. Mas os americanos e ingleses conduziam a guerra desordenadamente e não conseguiram romper uma forte barreira nazista estabelecida em Anzio e em Monte Cassino, no caminho que levava a Roma.

O ataque final começou na primavera de 1944 e foi comandado pelo marechal inglês *sir* Harold Alexander. O exército comandado por Alexander era composto de soldados de vários países e regiões: sul-africanos, canadenses, brasileiros, japoneses do Havaí, judeus da Palestina e franceses da África do norte. Depois de ferozes batalhas em Monte Cassino, os Aliados chegaram a Roma no dia 4 de junho de 1944, recebidos por multidões entusiasmadas. Os Aliados prosseguiram sua marcha para o norte, quase sempre encontrando territórios já libertados pelos guerrilheiros da Resistência ligados ao Partido Comunista.

Esse foi, por exemplo, o caso de Florença. A partir daí, forças italianas passaram a lutar ao lado dos Aliados, pois o novo governo italiano havia declarado guerra à Alemanha.

A invasão da Normandia

A libertação de Roma não recebeu maior atenção dos comandos militares, pois na mesma ocasião preparava-se a invasão da França. Todo o primeiro semestre do ano de 1944 foi ocupado pelos preparativos da grande invasão, que havia sido planejada para que coincidisse com a ofensiva soviética de verão.

No Alto Comando Aliado havia divergências quanto à definição do local mais apropriado para a invasão. A ideia que prevaleceu foi a de cruzar o canal da Mancha e atingir as praias da Normandia, nas costas francesas.

Os alemães não acreditavam, inicialmente, que os Aliados tentassem uma investida pelas costas do norte da França. Tomaram pequenas medidas de defesa, mas sem pensar em invasão em grande escala. O mau tempo reinante ajudava a afastar a hipótese de uma invasão, no verão de 1944.

No entanto, na madrugada do dia 6 de junho daquele ano, iniciou-se uma vasta operação naval, com o objetivo de alcançar a França.

O comando dos Aliados estava nas mãos do general americano Eisenhower. Participaram do desembarque 36 divisões, enquanto 40 delas ficaram na reserva. As forças aliadas contaram, ainda, com o apoio de mais de 5 mil aviões e mais de 6.400 navios. Os Aliados encontraram algumas dificuldades no desembarque. O grosso das tropas alemãs não se encontrava nessa região, e sim mais ao norte. Rommel – que depois se tornou encarregado da defesa da França – montou a chamada Muralha Atlântica no passo de Calais, esperando por ali a invasão.

O marechal Rommel percebeu o erro e deslocou algumas divisões blindadas Panzer para a região onde estava se dando a invasão, mas o movimento da Resistência francesa atacou os alemães. Nesse momento os americanos haviam conseguido consolidar suas posições nas praias da França, e uma semana depois já haviam desembarcado mais de 300 mil soldados anglo-americanos, combatendo as posições alemãs. Rommel e o marechal Rundstedt pediram uma audiência a Hitler para expor-lhe a grave situação e sugerir-lhe uma ampla retirada.

Paris, agosto de 1944. A bandeira francesa tremula num tanque alemão capturado! Durante a libertação lutaram, lado a lado, os combatentes da Resistência e tropas da França livre.

Numa estranha mistura do cinismo e falsa intuição, Hitler assegurou que a nova arma V-1, a bomba voadora que havia sido lançada no dia anterior (16 de junho) pela primeira vez sobre Londres, "seria decisiva contra a Grã-Bretanha [...] e forçaria os britânicos a fazerem a paz".

(William Shirer, *Ascensão e queda do III Reich*.)

Nada fez Hitler se convencer de que a situação era muito grave. Ele confiava nas novas armas e achava que em breve os nazistas recobrariam as antigas posições na França. Aliás, essa visão na condução da guerra tomaria conta das cabeças dirigentes da Alemanha nazista.

O ataque aliado prosseguiu. Uma das tarefas mais difíceis ficara a cargo do marechal inglês Montgomery, pois ele deveria envolver o inimigo enquanto o general americano Bradley atacasse os alemães pela retaguarda. Aos poucos, as forças alemãs estavam praticamente cortadas em duas. E em agosto o general Patton se dirigia a Paris.

Enquanto os Aliados prosseguiam nessas operações, todo o centro da França era libertado pelas forças da Resistência. Os franceses partidários do general De Gaulle participavam também das operações que, juntamente com uma divisão de blindados, se dirigiam a Paris. Paris achava-se sob intensa batalha entre a Resistência e os nazistas, e quando os Aliados chegaram à capital francesa, no dia 26 de agosto de 1944, encontraram-na praticamente livre. De Gaulle foi recebido como um virtual chefe de Estado.

A França libertada: executando uma pantomima diante da fotografia do Führer, esses dois franceses descarregam seu ódio contra o ditador alemão.

A partir da invasão da Normandia várias cidades alemãs foram bombardeadas. Na foto, tanques americanos circulam pela cidade de Nuremberg em maio de 1945.

Os Aliados aproximaram-se da fronteira alemã. A Bélgica já podia ser considerada livre do domínio nazista e o mesmo acontecia com a Holanda. E Eisenhower – numa operação bastante arrojada com uma força aerotransportada – iniciou a ocupação da região renana.

A resistência alemã e o atentado contra Hitler

Para o homem comum que vivia na Alemanha, no segundo semestre de 1944, seu país estava perdido. Era preciso buscar a paz. Para a liderança nazista acontecia exatamente o contrário. Pelo menos em alguns momentos, Goebbels, o todo-poderoso criador da propaganda moderna, tentara debelar essa mentalidade "derrotista". A Alemanha tinha possibilidade de erguer-se novamente, diziam os jornais. Tudo isso seria passageiro e o Führer tiraria a Alemanha do desastre. Era só ter fé e esperanç;a e acima de tudo muita coragem e vontade para lutar contra os Aliados, principalmente contra a horda oriental de bolcheviques. O moral combatente dos alemães era também responsabilidade de Heinrich Himmler, que através do terror mantinha o povo mobilizado. O que se sabe é que, com o fim se aproximando, as SS e os Tribunais Populares (que não passavam de cortes marciais) executavam em massa as populações das cidades que, porventura, dessem sinais de derrotismo. Em algumas localidades podiam-se ver cadáveres pendurados com cartazes no pescoço: "Eu traí o Führer" ou "Sou um derrotista". Os soldados que abandonavam suas posições eram fuzilados.

No entanto, a realidade era bem outra. A maioria das cidades da Alemanha achava-se em escombros. A superioridade aérea aliada era inquestionável. Os bombardeios eram diários. A Luftwaffe praticamente desaparecera e Goering também. A direção da economia de guerra havia passado para as mãos do arquiteto do Reich, Speer, que a historiografia burguesa insiste em qualificar de apocalíptico. Speer era uma última esperança para os grandes capitalistas.

Diante desse quadro, crescia uma oposição aos nazistas. O movimento clandestino do Partido Comunista chegava mesmo a fazer pequenos panfletos incitando à resistência. Pense-se nas dificuldades e riscos do funcionamento de um partido clandestino na Alemanha nazista. Eram infinitos. Mas a resistência mais direta começou a partir dos próprios oficiais da Wehrmacht, que não concordavam com a condução da guerra. Muitos chegavam a pensar em uma paz em separado com os Aliados ocidentais e prosseguir a guerra contra a União Soviética. Mas, qualquer que fosse a solução, Hitler precisaria ser eliminado. Um pequeno grupo de oficiais encarregou-se de praticar o atentado. O local escolhido foi a chamada "Toca do Lobo", quartel-general de Hitler situado na Prússia oriental. A ocasião seria o momento em que a OKW estaria reunida, no dia 20 de julho de 1944, para uma análise da situação na frente oriental. O executor seria o coronel conde Stauffenberg. Esse militar fora convocado por Keitel, o chefe do OKW, para ler um relatório na reunião do dia 20.

> *Stauffenberg tomou lugar junto à mesa e "colocou sua pasta", que continha a bomba, a três passos de Hitler, mas o coronel Brandt, do estado-maior, na frente do qual*

ele ficara, empurrou-a com os pés para baixo da mesa. Stauffenberg olhou apreensivo para o relógio. Não tinha um minuto a perder. À meia-voz disse que precisava telefonar para Berlim, a fim de pedir informações suplementares para seu relatório, e deixou o local.

Keitel, responsável pela ordem das reuniões militares das quais Hitler participava, seguiu-o com um olhar irritado. Um instante depois Keitel encarregou seu ajudante de ordens [...] de ir chamá-lo imediatamente: como Heusinger estivesse no fim de sua exposição, o andamento da reunião poderia ficar comprometido, o que irritaria o Führer.

Enquanto isso, Heusinger continuava em seu tom morno:

– A oeste de Dvina os russos avançaram para o nordeste. Suas colunas blindadas estão a noroeste de Dunabourg; se as formações do grupo Norte não forem retiradas imediatamente da região do lago Peipous, a catástrofe será iminente...

Nesse instante (o relógio marcava 12:42) uma explosão ensurdecedora, semelhante a um obus de 155 mm, sacudiu o recinto, que se cobriu de uma espessa fumaça. Uma parte do teto foi para os ares, os vidros se estilhaçaram e a mesa, virada sobre um dos lados, teve um dos lados rachado. Quatro pessoas morreram, seis ficaram feridas e duas outras foram atiradas para fora pelo deslocamento de ar.

Hitler, que a mesa revirada protegeu como um escudo, teve apenas algumas queimaduras e escoriações ligeiras, um braço momentaneamente paralisado e um ouvido prejudicado pelo ruído da explosão. Sua calça ficou em tiras e, segundo uma testemunha ocular, ele tinha um ar extremamente deslocado. Levantando-se ele se queixou:

– Oh, minha pobre calça nova, que eu tinha posto ontem pela primeira vez.

(G. Rozanov, *L'Agonie du III Reich*.)

A resposta de Hitler foi imediata e sanguinária. Entre 6 e 8 de agosto foram julgados todos os que participaram do atentado, os suspeitos e até os que tiveram apenas pequenos contatos com os conspiradores.

> Hitler, presa de fúria tirânica e de inesgotável sede de vingança, atormentou Himmler [...] para que fizesse os maiores esforços no sentido de deitar mão até da última pessoa que ousara conspirar contra ele. Ele mesmo traçou o processo para eliminá-las.
> "Desta vez – esbravejou numa de sua primeiras conferências depois da explosão... – dar-se-á pouco tempo aos criminosos para penitenciarem-se. Nada de tribunais militares. Arrastá-los-emos para o Tribunal do Povo. Nada de discursos extensos deles. O tribunal agirá com rapidez do relâmpago. Duas horas depois da sentença, será ela executada. Pela forca. Sem mercê."
> (Citado por William Shirer, *Ascensão e queda do III Reich*.)

Os conspirados eram, em geral, membros da nobreza alemã, sociais-democratas e membros do clero católico e protestante, mas, como se disse, principalmente oficiais da velha-guarda prussiana descontentes com a guerra conduzida pelo ex-cabo austríaco, agora senhor todo-poderoso da Alemanha.

Mas qual o verdadeiro sentido do atentado de 20 de julho? De certa forma o complô teve a participação de pelo menos alguns dos importantes membros da burguesia e da aristocracia germânica, donos dos grandes monopólios.

Enquanto Hitler marchou vitorioso e triunfal com seus exércitos pela Europa, nenhum membro dessa aristocracia se indispôs com o Estado. Mas esse mesmo Estado era, em 1944, já bastante incômodo e responsável pelas perdas de territórios, causando imensos prejuízos aos grupos capitalistas germânicos.

O avanço soviético e a Conferência de Jalta

A grande ofensiva de verão do Exército Vermelho havia sido iniciada antes do atentado contra Hitler. Depois de limparem a área de Leningrado, os soviéticos libertaram toda a Ucrânia e a Crimeia. Agora o Exército Vermelho corria ao longo de uma linha de 1.200 quilômetros, enfrentando mais de 2 milhões de soldados alemães, que ofereciam tenaz resistência ao avanço do rolo compressor soviético. Por que os alemães ofereceram tamanha resistência? Uma das respostas está, sem dúvida, na manipulação terrorista propagandística conjunta do dr. Goebbels e dos SS de Himmler, como se pôde ver anteriormente. Talvez uma outra resposta estivesse no pavor da revanche, isto é, os russos vingar-se-iam da barbárie sofrida pela invasão alemã. Sem dúvida, a guerra para os soviéticos se transformara na chamada "guerra-pátria", com uma grande dose de vingança que se refletiu nas palavras do poeta e escritor soviético Ilya Ehrenburg: "Matem homens do Exército Vermelho, matem! Nenhum fascista e inocente, quer esteja em vida, quer esteja ainda para nascer. Matem!". De qualquer forma, os soviéticos só parariam em Berlim.

A Finlândia assinou a paz com a União Soviética e declarou guerra à Alemanha. Logo depois, em alta velocidade, o Exército Vermelho atingiu o território alemão na Prússia oriental, abrindo caminho para a Polônia. Foi nesse período que a Resistência polonesa – que tinha ligações com o governo liberal exilado em Londres – iniciou o famoso levante de Varsóvia.

O Exército Vermelho, sob o comando do marechal Rokossovski, aproximou-se rapidamente de Varsóvia, e os rebeldes poloneses acharam que seria uma boa oportunidade iniciar a luta contra os dominadores no dia 1º de agosto de 1944. O levante foi feito, sem que os rebeldes poloneses estabelecessem um contato mais firme com os soviéticos. Os alemães reprimiram duramente o levante. Para a União Soviética, os militantes do levante não eram "muito simpáticos" aos acordos de novas fronteiras, já estabelecidos em reuniões anteriores entre os "três grandes". Além do mais, o exército soviético foi detido por forte resistência alemã, no Vístula, importante rio no caminho de Varsóvia.

Os poloneses foram, nessas circunstâncias, impedidos de libertar sua capital par conta própria.

O problema maior que os soviéticos viam nas operações militares estava localizado no sul. Em agosto, o Exército Vermelho alcançou o rio Danúbio e penetrou na Romênia. Esta se retirou da guerra, facilitando o trânsito das tropas soviéticas em seu território, na luta contra os alemães que se retiravam desse país. Depois da Romênia, a Bulgária fez o mesmo: assinou a paz com a União Soviética e declarou guerra à Alemanha.

O avanço do Exército Vermelho contava com grande ajuda dos guerrilheiros que atuavam em territórios russos ocupados pelas tropas nazistas. A tomada da Bielo-Rússia, por exemplo, foi amplamente facilitada pela ajuda dos guerrilheiros que interromperam todo o tráfego de trens pela região.

A atuação dos guerrilheiros teve importância decisiva na Iugoslávia. A atuação dos *partizans* de Tito contra os nazistas permitiu a entrada triunfal do líder guerrilheiro em Belgrado, em outubro de 1944.

Tito combatia os nazistas e simultaneamente submetia todos os colaboracionistas sérvios e também Mihailovich, o líder liberal da Resistência. A Iugoslávia foi libertada por suas próprias forças, contando com a ajuda material da URSS e dos Aliados.

A situação da Hungria era um pouco mais complicada, pois os alemães estavam com o controle direto do país. O almirante Horty, ditador da Hungria, tentou fazer a paz em separado com a URSS, mas foi preso e deportado para a Alemanha. Mesmo assim, formou-se um governo clandestino para lutar contra os nazistas.

A situação das frentes militares suscitava nova reunião dos membros da aliança antifascista. Em outubro de 1944, Stalin e Churchill encontraram-se novamente. A ausência de Roosevelt era explicada pela campanha americana para a presidência. Nessa conferência, em que se encontraram somente os dois líderes europeus, traçou-se a divisão de esferas de influências, que de certa forma seriam confirmadas em Ialta, como se verá mais adiante. Churchill deixou registrado o encontro com Stalin:

> O *momento estava bom para negociações e então eu disse: "Vamos acertar nossas questões sobre os Balcãs. Seus exércitos estão na Romênia e Bulgária. Nós temos interesses, missões e agentes nessas regiões... existe portanto um envolvimento da Grã-Bretanha e da Rússia. Que tal você ter 90% de predominância na Romênia para nós termos 90% na Grécia e um* fifty-fifty *na Iugoslávia?" Enquanto a tradução estava sendo feita eu escrevi num pedaço de papel.*
>
> *Romênia*
> Rússia 90%
> Outros 10%
> *Grécia*
> Grã-Bretanha 90%
> (em acordo com os EUA)
> Rússia 10%
>
> [...]

Eu empurrei as anotações para Stalin... Ele fez uma pequena pausa. Pegou um lápis e ticou item por item e passou novamente para mim.

(Citado por H. Stuart Hughes, *Contemporary Europe: A History.*)

Estavam delimitadas as áreas de influências. Enquanto essa reunião tinha lugar, o movimento de resistência grego iniciou violento ataque contra as forças nazistas que se retiraram da Grécia. Mas os combates prosseguiam: de um lado, os guerrilheiros comunistas; de outro, os guerrilheiros favoráveis à monarquia. Respeitando o acordo, Stalin não deu ajuda ao movimento comunista, que praticamente dominava todo o país. A Inglaterra apoiou os monarquistas, que, depois de algum tempo, infligiram pesadas perdas aos comunistas. O novo chefe político da Grécia passou a ser o arcebispo de Atenas, que governou como regente.

A Alemanha, vendo-se derrotada na frente oriental, tentava manter-se agora na frente ocidental. Na verdade, havia um plano mirabolante de Hitler para retomar a iniciativa e empurrar os Aliados novamente para um novo Dunquerque. O plano consistia em atacar os Aliados pelas Ardenas. Hitler convocou para uma reunião especial seus mais íntimos colaboradores militares. Participaram, principalmente, o subserviente general Keitel, Jodl, chefe do estado-maior de Operações do Alto Comando da Wehrmacht, Guderien, chefe do estado-maior geral, e outros importantes líderes militares. Jodl fez um informe acerca das perdas da Alemanha: desde o começo da guerra, mais de 4 milhões de baixas, além do rompimento de antigas alianças com países balcânicos.

Se não conseguirmos mudar o curso dos acontecimentos – disse Jodl – a invasão dos aliados é inevitável.

Já tomei a decisão – interferiu Hitler. – Atacaremos por aqui, na região das Ardenas – e apontou para o mapa. – Depois de atravessarmos o rio Meuse avançaremos sobre Antuérpia.

(G. Rozanov, *L'Agonie du III Reich.*)

Dias depois, em 2 de dezembro de 1944, o próprio Hitler explicou a seus generais que a vitória das tropas alemãs em Ardenas permitiria a consolidação da frente ocidental e a transferência de um certo número de divisões para o leste. O essencial, entretanto, era que o sucesso da operação elevaria o moral do povo alemão e influiria sobre a opinião pública dos países aliados. Ele acentuava:

> *Jamais a história presenciou uma coalizão composta de elementos tão heterogêneos e com objetivos tão contraditórios como os nossos adversários... Quem quer que siga de perto os acontecimentos não pode deixar de observar que as contradições que separam nossos inimigos aumentam a cada instante. Se podemos hoje levar a cabo uma grande ofensiva, pode-se ver, a qualquer momento, a famosa "frente única" ruir com estardalhaço.*

(Op. cit.)

No dia 16 de dezembro, inesperadamente os Aliados se viram diante de um grande exército fortemente armado, avançando velozmente na direção oeste. A vitória dos Aliados no Ocidente, que parecia tão próxima, estava ameaçada de profundo colapso. Os exércitos americanos não combatiam com tenacidade e mostravam-se praticamente inoperantes. Os alemães, sob o comando do SS Skorzeny, infiltraram um bom número de soldados em uniformes americanos que, falando inglês, semearam a confusão e o terror nas fileiras dos Aliados. Os americanos achavam-se completamente desnorteados. O Natal em Bruxelas e Paris foi comemorado sob um clima de medo.

Enviados militares americanos e ingleses voaram até Moscou e solicitaram a Stalin o reinício da ofensiva no Leste para aliviar os exércitos aliados. Stalin atendeu ao pedido: no dia 12 de janeiro de 1945, o Exército Vermelho começou um poderoso ataque em todas as frentes no Leste. Os alemães foram obrigados a deslocar suas forças novamente para o Leste, aliviando definitivamente a frente anglo-americana. A ofensiva soviética salvara os Aliados de um desastre.

O avanço de inverno do exército soviético foi rápido. Em janeiro, os russos chegaram a Varsóvia, aproximando-se rapidamente da Prússia e da importante região industrializada da Silésia. O Exército Vermelho só parou às margens do rio Oder, uma espécie de defesa natural de Berlin, situado a uns 60 quilômetros da capital nazista. Novamente os Aliados se viram na contingência de rediscutir o fim da guerra.

Os três grandes líderes reuniram-se em Ialta, na Crimeia, em fevereiro de 1945. Nesse momento, a vitória estava ao alcance das mãos dos Aliados e somente uma profunda divergência entre eles poderia pôr em risco a aliança e a vitória final. Aliás, era nisso que Hitler depositava sua última esperança. A predominâcia militar soviética era incontestável, mas os Aliados também podiam agora contar com algumas importantes vitórias. No entanto, o assalto final estava sendo armado por Zukov às margens do rio Oder. Stalin tinha novamente uma posição mais vantajosa diante dos americanos e dos ingleses.

Uma das características básicas da reunião era que cada lado fazia concessão, mas se preocupava em manter vantagens e garantias para si mesmo. Discutiram-se os estatutos da futura Organização das Nações Unidas e a repartição da Alemanha. Stalin permitiu, com relutância, a participação da França nessa repartição, pois este país não havia contribuído para a vitória sobre os nazistas. Stalin se comprometeu a entrar na guerra no Pacífico, contra o Japão, depois de três meses do final da guerra na Europa. Isso porque a Inglaterra e os Estados Unidos não estavam muito confiantes em uma rápida vitória militar contra os japoneses. Tratou-se de uma eventual ajuda às nações devastadas pelo nazismo. Mas a questão básica foi a delimitação das esferas de influências. Depois da conferência, preparou-se o assalto final sobre a Alemanha.

6. 1945: a agonia da Alemanha

No começo de março de 1945 os americanos, sob o comando de Eisenhower, reiniciaram a ofensiva na frente ocidental. A travessia do Reno tornou-se bastante difícil com a destruição das pontes; mesmo assim os Aliados avançaram e retomaram importantes regiões e cidades da Alemanha, como Stuttgart e a região industrializada do Ruhr. Finalmente os americanos atingiram o rio Elba, distante 100 quilômetros ao sul de Berlim. Na Itália a resistência alemã foi quebrada pelo aliado que a derrotou nos Alpes com a ajuda dos guerrilheiros antifascistas. Em fins de abril Mussolini tentou fugir, depois da falência da sua República de Saló. Mas na fronteira com a Suíça foi reconhecido por um grupo de guerrilheiros que o prendeu, submetendo-o a julgamento e depois fuzilamento.

No entanto, as mais importantes operações estavam sendo preparadas e efetivadas na frente oriental. No sul, na região do Danúbio, o exército soviético enfrentou forte resistência dos nazistas na retomada de Budapeste, capital da Hungria, que finalmente foi conquistada. A partir daí, o caminho para a capital austríaca estava aberto. Mas o assalto final seria dado mais ao norte pelos exércitos de Zukov, que se preparavam para tomar Berlim.

Enquanto isso, um clima de insanidade e demência tomava conta da alta cúpula nazista, que agora estava toda em Berlim. Hitler e sua *entourage* meteram-se nos porões fortificados da chancelaria. Essa fortificação subterrânea para a proteção do Führer ficou conhecida como *Bunker*.

Nos porões da chancelaria do Reich reunia-se constantemente, várias vezes por dia, todo o Alto Comando das Forças Armadas nazistas para traçar a conduta de guerra. De modo geral aventava-se a hipótese de conseguir a paz com os Aliados ocidentais para poder continuar a luta contra os "bárbaros orientais comunistas". Himmler, Hitler e outros, através de representantes, mantiveram contatos com uma missão americana na Suíça, liderada por Allen Dulles. Pretendia-se a assinatura de acordos. Mas o governo soviético, tomando conhecimento dos contatos, fez veemente protesto e exigiu que os representantes da União Soviética participassem das conversações. Isso impediu um acordo entre os nazistas e os americanos.

Depois do fracasso das negociações, o Führer depositou esperanças em algum milagre, que, segundo ele, aconteceria. Pois, "filosofava", não havia sido assim com Frederico II durante a Guerra dos Sete Anos? A Prússia achava-se praticamente cercada, no século XVIII, e a morte da imperatriz russa fez com que ocorresse uma reviravolta política. Frederico aproveitou e desfechou um vitorioso ataque à Rússia. Hitler achava que um milagre semelhante iria acontecer novamente.

Goebbels passava as noites lendo para Hitler a passagem da Guerra dos Sete Anos em que enfatizava o "milagre" que salvara a Prússia. E, na noite de 13 de abril de 1945, Goebbels, voltando do Ministério da Propaganda para o abrigo, recebeu a notícia da morte de Roosevelt. O ministro da Propaganda ficou exultante e correu entre os destroços e prédios em chamas da destruída Berlim para dar a notícia ao Führer:

– *Tragam-me nossa melhor champanha! E liguem-me com o Führer pelo telefone...*

– *Meu Führer* – disse Goebbels –, *felicito-vos. Roosevelt morreu! Está escrito nos astros que na segunda quinzena de abril haverá uma reviravolta para nós. Hoje é sexta-feira de abril. E a reviravolta.*

A insanidade e a paranoia já haviam dominado completamente a cabeça dos nazistas. No dia 6 de abril Hitler já havia declarado: "Estou absolutamente certo de que os soviéticos estão completamente exaustos, estão nas últimas. Eles querem tomar Berlim antes de caírem".

Preparava-se a defesa da capital nazista. Formou-se o *Volkstum*, exército composto de crianças de 12 a 16 anos e de velhos: era o chamado exército do povo. Constituíram-se também os Werwolf (lobisomens), grupos de militantes fanáticos da SS, cujo objetivo era lutar na clandestinidade contra os soviéticos, mas principalmente executar sumariamente qualquer pessoa que demonstrasse ter perdido a fé na Alemanha e no Führer.

Na manhã de 16 de abril de 1945 o Exército Vermelho, com mais de 40 mil canhões, iniciou o assalto sobre Berlim. Nesse mesmo dia a ordem do dia de Hitler para seus generais era a seguinte: "Diante de Berlim, os russos experimentarão o fracasso mais sangrento que possa existir". Mas no abrigo do Führer já se reconhecia a derrota. E ali o governo nazista liderado por Adolf Hitler decidiu-se pela macabra política do *Gotterdämmerung,* que pode ser resumida nas próprias palavras do Führer: "O povo alemão não compreende meu objetivo. É muito mesquinho para compreendê-lo. Se eu devo morrer, quero que o povo tenha o mesmo destino, porque se mostrou indigno de mim". Mas isso, evidentemente, não significava deixar-se morrer simplesmente: os alemães deveriam lutar até o último homem, última mulher, última criança.

Os obuses dos canhões soviéticos caíam em profusão nas casas e nas ruas da capital alemã. Uma última reunião da alta cúpula deu-se no dia 20 de abril. Nos porões da chancelaria no Reich nazista estavam os outrora todo-poderosos líderes: Goering, Ribbentrop, Borman, Goebbels e, evidentemente, Hitler. Nessa reunião decidiu-se que o Alto Comando ficaria em Berlim. Hitler, Goebbels e Martin Borman ficariam no *Bunker* da chancelaria. A região Norte ficaria sob o comando do almirante Doenitz, enquanto Keitel e Jodl pretendiam formar um triângulo de forças intransponíveis" com o que restava da Wehrmacht. Era somente mais uma tentativa, mais uma inútil esperança de vencer "o perigo vermelho".

Na manhã do dia 21 de abril os exércitos soviéticos já estavam nos subúrbios de Berlim. O pânico dominava a liderança nazista. Pânico que fazia sempre renascer esperanças impossíveis. Surgiu uma notícia de que Stiner, um general SS, possuía um grupo imbatível de homens. Hitler imediatamente ordenou a Stiner que destruísse os T-34 que penetravam em Berlim. A liderança nazista, tomada pelo pânico e pela paranoia, emitia constantes ordens e ficava esperando os resultados de futuras vitórias. Agiam como se os combates estivessem se dando a milhares de quilômetros. Mas a realidade era bem outra.

Outra esperança para os habitantes do louco abrigo do Führer: os 300 mil homens e mulheres do *Volksturn* deveriam defender o sul de Berlim. Mas esses "soldados" não possuíam mais munições nem armas para defender seu Führer. Uma última cartada foi proposta por Keitel: o 12º Exército do general Wenck, que estava próximo de Berlim, poderia ser engrossado por tropas tiradas da frente ocidental e defender Berlim. A partir daí, criou-se o mito de que as "tropas de Wenck estão chegando" ou "Wenck salvará Berlim".

O jornal de Goebbels saiu pela última vez com a seguinte manchete: "Nesse momento, as formações da Wehrmacht avançam de todos os lados em direção a Berlim". As tropas de Wenck nunca chegaram a Berlim. Na verdade, o que estava acontecendo era que o Exército Vermelho, sob o comando do marechal Zukov, chegava às margens do canal de Teltow. Esse canal era um dos últimos obstáculos que os soviéticos deveriam atravessar para atingir o centro de Berlim. Os alemães dinamitaram a ponte sobre esse canal na esperança de impedir o avanço soviético. Conta-se que nessa ocasião houve o seguinte diálogo entre o marechal Zukov e o general Voronov, que observavam a ponte destruída:

"– Foi a ponte sobre o canal de Teltow – disse Veronov –, os alemães dinamitaram-na".

"– Foi – disse Zukov – É muito mau, mas tinha que acontecer. Não a deixariam ficar de pé. Mas não importa. Atravessamos o Don, o Dnieper, o Vístula e o Oder... vamos atravessar esse corregozinho."

Enquanto o Exército Vermelho avançava combatendo sem parar, os chefes nazistas lutavam entre si para disputar o espólio do Reich: de forma doentia, Goering, Himmler e Borman consideravam-se os verdadeiros herdeiros do Führer. Hitler chegou a destituir o seu fiel amigo de seus cargos do Reich.

A agonia do nazismo se manifestava de forma sanguinária nas ruas da capital: os SS entravam nas estações do metrô, que haviam sido transformadas em abrigo, e matavam os que eles consideravam suspeitos de deserção. Os "lobisomens" agiam mais barbaramente ainda: qualquer pano branco era considerado rendição e seu portador era executado sumariamente.

O cotidiano da cidade pode ser medido pelo registro do diário de um oficial das forças blindadas alemãs encontrado nos escombros de Berlim:

24 de abril. Estivemos pela manhã no aeroporto de Tempelholf. A artilharia russa atira sem cessar. Das oito regiões de defesa de Berlim nós temos atualmente somente o setor D. [...] Os feridos procuram abrigo na retaguarda, mas a maior parte continua na frente, com medo de cair nas malhas de um tribunal ambulante e serem enforcados, acusados de deserção...

26 de abril. Atiram sobre nós das janelas das casas. Devem ser os trabalhadores estrangeiros...

27 de abril. A população civil não ousa receber, nos abrigos, os soldados e oficiais feridos, pois muitos são condenados à morte por deserção e os cidadãos são considerados cúmplices...

Stalin: **Uma passagem para Berlim.**
Hitler: **Ida e volta?**
Stalin: **Só ida!**

O avanço russo sobre Berlim, segundo o humor de Belmonte.

Não havia mais gás, água ou eletricidade. Os metrôs praticamente pararam de funcionar. Crescia a cada minuto a atuação de movimentos antinazistas que procuravam mostrar aos soldados a loucura de qualquer gesto de resistência significativa. Hitler e seus assessores mais íntimos, como o general Krebs, que permanecia no *Bunker*, mantinham precários contatos com o exterior através de telefones e um pequeno sistema de telégrafos. Pensavam numa ofensiva que deveria vir do Norte comandada por Doenitz, à frente de seus marinheiros. O encontro com Hitler para tratar dessa nova ofensiva foi registrado pelo general Weidling, novo comandante de Berlim:

> *Ele tinha o rosto inchado e os olhos de doente arrasados pela febre. Tentou levantar-se. Suas mãos e uma das pernas tremiam sem cessar. Com muita dificuldade chegou a levantar-se. Com um sorriso débil estendeu-me a mão... A seguir, sempre com dificuldade, voltou a sentar-se, e mesmo nessa posição sua perna esquerda não parou de tremer.*

Soldado russo e soldado americano confraternizam-se após o encontro das frentes oriental e ocidental, em abril de 1945.

No dia 28 de abril a chancelaria foi acordada com a notícia de que o cerco de defesa de Berlim havia sido rompido em quase todos os pontos e que os russos dominavam já quase toda a cidade. Uma estranha atmosfera tomou conta da chancelaria. Hitler, em cerimônia festiva, casou-se com sua amante, Eva Braun. Em seguida ditou seu testamento político, segundo o qual Goebbels passava a ser o chanceler, mas o poder militar ficava nas mãos do almirante Doenitz. O clima macabro aumentou quando chegou a notícia da morte de Mussolini e sua amante. Hitler e Eva fazem um pacto de morte. Antes, ele quer certificar-se de que não ficará nenhum alemão vivo: emite uma derradeira ordem proibindo a capitulação.

Hitler e sua amante, Eva Braun, com quem se casou pouco antes da queda do III Reich.

No dia 30 de abril ouviu-se um tiro vindo dos aposentos do Führer. Hitler suicidara-se com um tiro e Eva Braun com veneno. Oficiais da SS enrolaram os cadáveres em um tapete e os levaram para o pátio da chancelaria. Com gasolina iniciaram a incineração do líder máximo do nazismo. De repente um dos SS aponta para a torre do Reichstag, que se eleva além da porta de Brandemburgo. Uma bandeira flutuava sobre o edifício, e vendo sua cor vermelha eles afinal se convenceram: era a bandeira soviética que pairava sobre o Reichstag.

Depois da morte de Hitler, Goebbels e Borman tentaram novos contatos com o Ocidente para uma gestão de paz em separado, que foram frustrados. Na noite de 30 de abril, setores do comando alemão entraram em contato com as forças soviéticas pedindo um cessar-fogo. O general Chuikov – comandante de importante setor do Exército Vermelho – recebeu o representante alemão, general Krebs. Krebs iniciou a conversação dizendo que vinha negociar o cessar-fogo, um armistício. Os soviéticos só aceitariam qualquer conversação depois da rendição incondicional. A entrevista entre os dois prosseguiu por demoradas horas. Krebs insistiu no cessar-fogo e Chuikov, seguindo o compromisso com os Aliados, firmou-se na posição da rendição incondicional. A preocupação de Krebs era permitir que Doenitz participasse das discussões como membro do "novo" governo nazista. Chuikov enfatizava: isso tudo só depois da rendição incondicional. As conversações foram encerradas sem uma conclusão. Os combates reiniciados.

Entre os dias 1º e 2 de maio os defensores de Berlim estavam confinados a uma pequena área. Os soldados soviéticos encontraram tenaz resistência localizada no Jardim Zoológico da cidade. Mas depois de sangrenta batalha esse reduto de resistência também caiu. No interior do *Bunker,* a última cena macabra: Goebbels manda um oficial SS dar-lhe um tiro na nuca. Seus seis filhos – o mais velho com 12 anos – foram envenenados pela mãe, que, em seguida, também se matou.

O que sobrou da liderança nazista procurou fugir para a região onde estava Doenitz, o virtual herdeiro do que restava do III Reich. Poucos chegaram ao objetivo, tal era a chuva de ferro e fogo que vinha das baterias soviéticas.

Às 5 horas da madrugada do dia 2 de maio, o general Weidling entrou em contato com as forças soviéticas e aceitou a rendição incondicional. A notícia foi transmitida para os soldados através do alto-falante. Havia cessado a desesperada e inútil resistência de Berlim. A população começou, cautelosamente, a deixar os porões, os esgotos e as estações do metrô. Filas de famintos cidadãos da outrora orgulhosa Berlim formavam-se para receber alimentos dos soldados soviéticos.

Apesar disso, Doenitz insistia em prosseguir a guerra. Na manhã de 4 de maio, percebendo que não havia outra saída, enviou oficiais alemães ao quartel-general de Montgomery, o marechal inglês. A exigência da rendição incondicional foi aceita. As negociações prosseguiram até o dia 7 de maio, quando Jodl emitiu a seguinte declaração:

> *Eu, abaixo assinado, coronel-general Jodl, transfiro todas as Forças Armadas ao Alto Comando das Forças Armadas dos Aliados e simultaneamente ao Alto Comando Soviético nos termos da capitulação. O Alto Comando Alemão dará imediatamente a ordem para a cessação de todas as operações em curso a partir de 8 de maio às 23 horas.*

As negociações se fizeram sob um clima tenso, pois ainda se lutava na região tcheca. No dia 7 de maio, a Resistência se levantou contra o importante remanescente de forças nazistas. O exército soviético veio em seu auxílio depois de alguns dias e ajudou a libertar o último foco de resistência nazista na Europa. A guerra estava acabada. Pelo menos na sua parte mais importante, a frente europeia.

No Pacífico a guerra prosseguia. Os Estados Unidos enfrentavam uma inacreditável resistência japonesa. O Japão recorria às mais variadas formas para resistir ao avanço dos americanos. Uma das mais famosas foi a utilização de pilotos suicidas, os *kamikazes*, que se atiravam com avião e tudo sobre os navios da marinha americana. Mesmo assim, os americanos avançavam. Lutava-se no ar, no mar e nas ilhas do Pacífico. Ilhas Marshall, Carolinas, Iwo-Jima, Chi chi-Jima, Filipinas, Okinawa. Uma após outra, as ilhas foram sendo libertadas pelos fuzileiros navais, pela aviação e pela marinha norte-americanas.

Os B-29, superfortalezas voadoras, tinham agora bases próximas ao Japão e podiam despejar toneladas de bombas sobre os principais centros nipônicos. Na China o exército de Chiang Kai-chek se aproximava do litoral onde estavam as principais forças japonesas sediadas em territórios conquistados pelos nipônicos. Sentindo a pouca possibilidade de continuar na guerra, os líderes militaristas japoneses pediram à União Soviética para mediar a paz com os americanos e ingleses. Nesse momento, julho de 1945, realizava-se a conferência de Potsdam, e Stalin consultou Churchill e Truman, o novo presidente dos Estados Unidos. Mas, como o Japão não aceitava a rendição incondicional, as negociações foram abandonadas

Apesar do avanço das forças norte-americanas, as instalações do Japão permaneciam intactas e isso preocupava os comandantes americanos. Outra preocupação que parecia tomar conta das lideranças políticas norte-americanas era a série de vitórias das forças de Mao Tse-tung na China. Por essa razão as tropas americanas permaneciam em território chinês, para impedir o sucesso do exército comunista de Mao. Era uma das manifestações da futura Guerra Fria que iria acontecer entre os Estados Unidos e a União Soviética depois de terminada a guerra.

Ao mesmo tempo que a União Soviética se preparava para lutar contra o Japão, os Estados Unidos tinham planos de usar a poderosa bomba atômica contra os japoneses. Militarmente o uso da nova e mortífera arma não era indispensável. O objetivo básico dos Estados Unidos era demonstrar para o mundo seu poderio militar e, dessa forma, reafirmar sua hegemonia.

Um piloto japonês kamikaze coloca a insígnia que o identifica como um homem que vai morrer.

Desde 1940, alguns países desenvolvidos que participavam direta ou indiretamente da guerra tinham suas pesquisas na área da física nuclear bastante adiantadas. Já em plena guerra a Alemanha mantinha uma usina de "água pesada", material indispensável para as experiências nucleares. Mas essas instalações foram destruídas por um comando norueguês-britânico, fato que atrasou o programa nuclear alemão, impedindo os nazistas de terem uma bomba atômica.

Os cientistas ingleses, auxiliados por vários cientistas de outros países, concluíram que só os Estados Unidos poderiam dar condições materiais e de segurança para o andamento das pesquisas para a produção de uma bomba atômica. As pesquisas prosseguiram nos Estados Unidos sob a supervisão de vários cientistas de renome, entre os quais Oppenheimer. Chegaram à conclusão de que deveria ser feita uma experiência para testar todas as pesquisas feitas até aquele momento. Não havia a quantidade de plutônio necessária, por isso muitos cientistas não acreditaram no que viram no dia 17 de julho de 1945, quando uma gigantesca bola de fogo em forma de cogumelo levantou-se do deserto norte-americano de Alamogordo (Estado do Novo México). Horrorizados, muitos desses homens de ciências, que participaram das experiências, logo condenaram qualquer tentativa de utilização dessa mortífera arma, que equivalia a alguns milhares de TNTs.

Mas grande parte dos físicos cooptados pela ideologia anticomunista que já começava a tomar conta das mentes ocidentais, em especial americanas, sugeriram que a arma deveria ser utilizada contra o Japão. Via-se por trás dessa atitude dos cientistas uma posição racista de superioridade dos brancos ocidentais sobre os orientais. Truman e Churchill resolveram acatar a sugestão dos cientistas e ordenaram que atirassem a bomba sobre o Japão.

No dia 6 de agosto de 1945 o avião bombardeiro norte-americano de nome Enola Gay jogou uma bomba que desceu suavemente de paraquedas sobre a cidade de Hiroshima. Quando faltavam 500 metros para atingir o solo, ela foi detonada. Eis como foi descrito por alguns sobreviventes o terrível crime contra a Humanidade:

> *Inicialmente parecia um relâmpago, num céu sem nuvens. Mas a onda de calor que surgiu segundos depois começou a derreter tudo o que era sólido, telhados, paredes, casas inteiras. Todos os seres humanos que se encontravam nas proximidades da área em que a bomba detonou foram incinerados e deles só restou a silhueta nos calçamentos das ruas, como se fosse o negativo de uma fotografia. Depois começou a soprar um vento com uma velocidade de mais de 800 quilômetros por hora, e incendiava tudo; em seguida começou a chover. Só que era uma chuva muito estranha, pois as gotas eram grandes e negras. Milhares de pessoas vagavam às cegas procurando fugir do inferno e quando chegavam aos subúrbios outras pessoas perguntavam de onde aqueles "negros" com características orientais tinham surgido. E eles respondiam: "Vimos um clarão no céu... e ficamos assim".*

No dia 9 de agosto os americanos atiraram nova bomba atômica, agora sobre a cidade de Nagasaki. Milhares de habitantes morreram nas duas cidades, outros milhares viriam a morrer, anos depois, em consequência de doenças incuráveis causadas pelas radiações. Dissemos que militarmente o uso da bomba era questionável. O próprio Churchill duvidou de sua eficácia militar. O ato americano foi considerado pela maioria da opinião pública mundial um ato de crime de guerra. A própria imprensa norte-americana fez severas críticas ao emprego do artefato atômico. Mas a grande conclusão a que se chega é que não houve coincidência para o fato de que a bomba foi atirada no mesmo momento em que a União Soviética declarava guerra ao Japão. Dessa forma os Estados Unidos pretendiam impresssionar seu futuro oponente na chamada Guerra Fria.

Depois da explosão das duas bombas, o Japão concordou com a rendição incondicional, que foi assinada no dia 2 de setembro de 1945. A Segunda Guerra Mundial terminara.

Hiroshima antes da explosão. *Hiroshima logo após a explosão.*

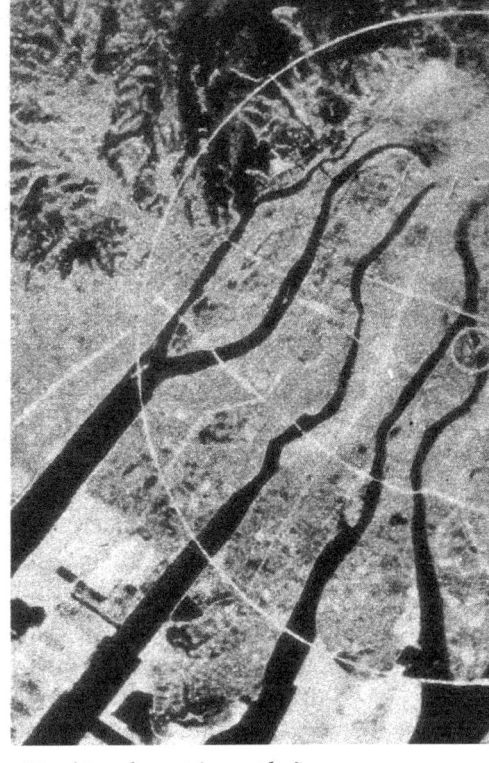

7. A herança que a guerra deixou

Quando o último tiro da guerra foi disparado, a Europa estava em ruínas. Grande parte das cidades, principalmente da Alemanha, era um montão de escombros exalando o cheiro da morte e da destruição.

Para se ter uma vaga ideia, os mortos chegavam perto dos 40 milhões de pessoas. Somente a União Soviética perdeu 20 milhões de seus habitantes, vítimas do terror nazista. Países como a Polônia tiveram sua população diminuída em quase 5 milhões de habitantes. Quase não era possível locomover-se na Europa, pois as vias de comunicação, como rodovias e ferrovias, praticamente deixaram de existir.

Grandes cidades localizadas a leste da Alemanha, como Varsóvia, Kiev, Smolensk, Stalingrado, sumiram do mapa. Porém, mesmo com a sanha destrutiva dos nazistas, vários monumentos históricos foram preservados. Mas a destruição também foi obra dos Aliados, e um exemplo típico foi a destruição perpetrada pelos norte-americanos na Itália, que varreu do mapa o monumento medieval do mosteiro de Monte Cassino. Isso para não falar de Hiroshima e Nagasaki.

Um país como a Inglaterra saiu praticamente intacto da Segunda Guerra Mundial. Os ingleses devem sua preservação ao fato de Hitler ter desviado a maior força da Wehrmacht para a União Soviética.

Se compararmos a Primeira Guerra com a Segunda, poderemos concluir que a última é que foi verdadeiramente mundial: o mundo todo foi direta ou indiretamente envolvido. E com o fim do segundo conflito a Europa já não era mais o centro das decisões mundiais. As atenções voltavam-se agora para a disputa da hegemonia mundial que iria se dar entre a União Soviética e os Estados Unidos.

Mulher com uma criança morta, *Picasso, estudo de composição para* Guernica. *O grito dessa mulher foi considerado pelo filósofo Roger Garaudy "o emblema universal do sofrimento humano".*

    Quando a guerra acabou, os povos das potências diretamente envolvidas respiraram aliviados pelo fim da luta e do morticínio, mas para os povos das regiões colonizadas, como a África e a Ásia, era o começo da longa luta pela emancipação.
    Outra grande diferença entre a Primeira e a Segunda Guerra é que durante a Primeira havia diferença entre os combatentes e os não combatentes. Já a Segunda envolveu a população como um todo. Era o novo conceito de *guerra total*.
    Se na Primeira Guerra o objetivo era a derrota do inimigo no campo de batalha, na Segunda o objetivo era a destruição total e a submissão de povos inteiros. Não foi outra coisa que Hitler tentou fazer ao invadir as nações eslavas: destruir sua tradição e principalmente os intelectuais, para facilitar a escravização de nações inteiras e apoderar-se de suas riquezas.

Professora e alunos em aula, nas escadas de sua escola destruída.

Os Aliados que lutaram contra a Eixo (Inglaterra, Estados Unidos e União Soviética) mantiveram-se unidos enquanto havia a ameaça do imperialismo alemão ou japonês. Quando as potências do Eixo começaram a demonstrar sinais de fraqueza, a Aliança também começou a sofrer alguns abalos. Mesmo durante a guerra havia profundas divergências entre os Aliados, mas eram mantidas mais ou menos ocultas. Quando a guerra acabou, essas divergências explodiram de forma mais explícita, abrindo uma profunda brecha entre os antigos amigos da véspera.

A guerra não havia, pois, produzido uma amizade profunda. Se atentarmos para a própria condução da guerra, poderemos tirar algumas conclusões. Parecia que eram duas guerras em separado: no Leste, a União Soviética lutava praticamente sozinha, suportando o maior peso da guerra; na Europa ocidental, os Estados Unidos e a Inglaterra lutavam em estreita colaboração.

Mesmo durante as conferências de Moscou, Ialta e Teerã, havia um constante clima de desconfiança no ar. A desconfiança básica entre os Aliados era o terror de que uma das partes fizesse a *paz em separado*. O temor maior era a União Soviética, pois a liderança soviética acreditava que os ocidentais pretendiam continuar com a política de empurrar a Alemanha nazista contra a Rússia soviética. Por essa razão, a única concordância entre os Aliados era que o inimigo deveria render-se *incondicionalmente*.

Para o homem comum das ruas das grandes metrópoles, essa divergência foi mantida em segredo até o fim da guerra, e quando essas divergências vieram à tona houve uma frustração geral. Todos esperavam que o mundo entrasse numa infinita era de paz. Mas o que ocorreu foi que as disputas sobre a hegemonia do mundo adquiriram outras características na Guerra Fria entre a União Soviética e os Estados Unidos.

O mundo dividido: o Leste

A situação do Leste europeu nos momentos finais da guerra e nos meses subsequentes era bastante complicada. Apesar de a União Soviética ter saído exaurida dos combates (20 milhões de mortos), suas vitórias e sua presença no cenário europeu faziam-na ser vista com respeito, e seu governo sentia-se em condições de exercer certas pressões sobre seus ex-aliados.

Pelos acordos firmados durante a guerra, vimos que o mundo seria dividido em esferas de influências, e de modo geral Stalin se abstinha de auxiliar os movimentos revolucionários nas regiões que iam sendo libertadas do nazismo. Mas, à medida que os Estados Unidos e a Inglaterra mostravam-se cada vez mais decididos a impedir e ofuscar o crescimento da União Soviética, o dirigente russo começou a adotar posições mais favoráveis aos movimentos revolucionários naquela parte da Europa (Leste).

Nos países em que as forças russas foram esmagando o dominante nazista, surgiam governos de coligações das mais variadas tendências políticas: comunistas, socialistas, camponeses, elementos da Igreja tidos como progressistas. Mas os comunistas tinham a seu favor o fato de dominarem o exército e a política, dois dos mais importantes aparelhos de Estado, para efetivarem uma eventual tomada definitiva do poder. Segundo o historiador Isaac Deutscher, "usaram esses departamentos para estabelecer o controle sobre o país como um todo e depois sobre seus colegas de governo, até se habilitarem a expulsar tais colegas ou forçá-los a cooperar com a revolução".

De posse desses dois departamentos, os comunistas iam eliminando as velhas classes dominantes nos atrasados países do Leste europeu. O Ocidente via tudo aquilo meio perplexo. Inicialmente não emitiu nenhuma nota, mas depois começou a protestar, apesar dos acordos anteriormente estabelecidos de "divisão do mundo em áreas de influências", como já vimos.

A União Soviética nunca intervinha diretamente nos conflitos internos desses países. Somente quando havia alguma grave dificuldade é que o governo soviético exercia algum tipo de pressão.

Assim foi o caso da Romênia, quando Stalin obrigou o rei Miguel a admitir um primeiro-ministro simpático aos comunistas. Ironicamente, a revolução dos países do Leste europeu foi resultado de um movimento de cima para baixo, contrariando os preceitos da revolução bolchevique de 1917.

De qualquer forma essa "revolução de cima para baixo" significou algum avanço para os países do Leste europeu, onde, por exemplo, uma reforma agrária deu terras a camponeses que durante gerações e gerações viveram sem ter condições de possuir seu pedaço de chão. Mas, à medida que aumentava a hegemonia soviética na região, esses países tendiam a sofrer as mesmas crises, de forma mais acentuada, pelas quais a URSS começava a passar.

De qualquer maneira, Stalin procurava sempre respeitar os acordos feitos com o Ocidente, e foi baseando-se nessa conduta que não ajudou o movimento guerrilheiro comunista grego. Em vez de procurar impor de uma vez o socialismo no Leste, apoiou a formação das chamadas *democracias populares,* que poderiam ser consideradas um misto de capitalismo e socialismo. Mesmo assim, o Ocidente via as acanhadas reformas que se processavam em países como a Romênia, Bulgária, Polônia, etc. como se fossem a implantação de rigorosos e "negros" regimes comunistas.

No entanto, os meios oficiais sabiam que a União Soviética estava em péssimas condições para estar promovendo a "revolução mundial". O saldo da guerra era simplesmente aterrador: a maioria das cidades das regiões ocupadas pela Alemanha nazista havia sido destruída. O mesmo aconteceu com as indústrias dessas regiões. Mais de 20 milhões de pessoas moravam em condições subumanas, em tocas ou choças de barro.

Por todas essas razões, a maioria esmagadora da população da União Soviética esperava melhoria das condições de vida. Queria escolas, mais alimentos, roupas. O governo da URSS precisava de ajuda. E por que os Estados Unidos, seu velho aliado, não o ajudavam? Mas a cada aumento de divergências entre os dois blocos diminuía a possibilidade de o riquíssimo país norte-americano dar ajuda a URSS. Para os Estados Unidos isso estava bem dentro do espírito que preparava a Guerra Fria: acentuava as "vantagens" do capitalismo e as "desvantagens" do socialismo.

A única saída que restava à União Soviética era desenvolver um esforço próprio para a reconstrução do país. Mal começara o processo de industrialização para atender às necessidades básicas da população, a maior parte de suas potencialidades econômicas foi desviada para armar os exércitos, a marinha e a aeronáutica, e principalmente a área de pesquisa de armas atômicas. Em outras palavras, a miséria – uma constante durante a guerra – teve que continuar a fazer parte da vida cotidiana do cidadão soviético. "Quanto maiores eram os recursos destinados à indústria e às Forças Armadas menores eram... as parcelas que sobravam para o consumo."

A brecha entre o Ocidente e o Oriente – camuflada durante a guerra – abria-se agora e transformava-se em um verdadeiro abismo. Os antigos aliados eram agora inimigos de uma guerra não efetivada.

O mundo dividido: o Oeste

Os movimentos de resistência à ocupação nazista ganharam importante respeitabilidade nos países do Oeste europeu. Socialistas, comunistas e democrata-cristãos coexistiam nos momentos que se seguiram à derrota dos alemães, com ideais de reformas mais profundas e básicas. Havia uma tendência à formação de governos de coalizão; mas, à proporção que começavam a surgir as divergências entre a URSS e os EUA, o reflexo nesses governos fazia surgir os primeiros atritos no interior dos governos de coligação. É preciso lembrar aqui que o governo soviético recomendava aos partidos comunistas dos países ocidentais que não forçassem a barra nem tentassem manter-se a qualquer custo no poder.

Um ponto bastante delicado foi a questão do julgamento dos fascistas e principalmente dos colaboracionistas, elementos dos países ocupados que eram simpáticos aos nazistas. Na maioria dos países que foram ocupados pela Alemanha, a Resistência quis acertar as contas com os antigos "senhores do poder". Muitos líderes nazistas ou colaboracionistas foram executados. Mulheres que mantiveram relações com os alemães sofreram recriminações públicas.

Somente na França foram executados perto de 4 mil colaboracionistas, entre os quais o ex-primeiro-ministro Pierre Laval. Mas, quando o general De Gaulle organizou o governo, freou o ímpeto "vingativo" das forças da Resistência, e por essa razão o marechal Pétain escapou de ser fuzilado.

De modo geral, o mesmo procedimento que os resistentes franceses levavam a cabo deu-se também nos Países Baixos e na Itália. Neste último país o melhor exemplo foi a execução do próprio Mussolini pelos *partizans*.

Na Alemanha, como a Resistência foi praticamente esmagada pelo terror nazista, a chamada "desnazificação" ficou a cargo das próprias forças aliadas. É preciso lembrar que de uma forma ou de outra a maioria dos alemães havia colaborado para a manutenção do nazismo no poder. Por essa razão a tarefa seria mais difícil nessa parte da Europa. A saída encontrada foi o julgamento público da cúpula nazista. O local escolhido para o julgamento foi o Palácio da Justiça de Nuremberg, local das famosas concentrações nazistas quando esses se achavam no auge do poder. O julgamento de Nuremberg, como ficou conhecido, começou em novembro de 1945 e terminou em setembro de 1946. Um conjunto de juízes dos países aliados arrolaram as

Mulher colaboracionista, com a cabeça raspada, sendo apupada numa cidade francesa.

provas contra os mais importantes homens do governo nazista que foram presos. Com exceção de Hitler, Goebbels e Himmler, que se haviam matado, foram julgados: Doenitz, Keitel e Jodl, os três mais altos comandantes militares remanescentes do cerco soviético a Berlim; Herman Goering, o segundo homem depois de Hitler; Julius Streicher, o fanático propaganista antissemita; Ribbentrop, o ministro de Relações Exteriores de Hitler; Albert Speer, ministro de Armamentos e Munições, e alguns outros líderes do Partido Nazista.

Ao todo, foram julgados 199 homens no tribunal de Nuremberg. Alguns foram considerados inocentes. Outros condenados a vários anos de prisão. Entre eles, Rudolf Hess, que cumpriu pena de prisão perpétua até sua morte, aos 90 anos. Mas os mais importantes foram enforcados, com exceção de Goering, que conseguiu engolir uma cápsula de veneno antes de sua execução. Interessante o depoimento de William Shirer, autor de *Ascensão e queda do III Reich*, que esteve presente ao julgamento:

> *Havia vinte e um deles no recinto dos réus: Goering, com 35 quilos a menos [...] metido num desbotado uniforme da Luftwaffe [...] Rudolf Hess [...] os olhos muito fundos [...] não deixando dúvidas que era um homem deprimido [...]*

> *Ribbentrop, finalmente despido de sua arrogância [...] muito pálido, curvado e alquebrado [...] Doenitz [...] sucessor de Hitler, parecia com sua roupa um empregado de uma casa de calçados [...]*

Além da liderança política e militar, foi julgado e condenado o barão von Krupp, mas morreu de um derrame; seu filho, considerado seu sucessor, foi preso. Mais tarde, anistiado pelos norte-americanos, tomou posse de toda a sua fortuna novamente.
Houve muitas dúvidas acerca da legalidade desse julgamento.

> *[...] a lei foi criada para se adaptar ao tipo de crime, entretanto, se as posições houvessem se invertido, os próprios aliados poderiam ser processados, por exemplo, pelo lançamento das bombas atômicas e pelo ataque aéreo a Dresden.*

(Século XX.)

Além das questões do julgamento dos líderes colaboracionistas ou dos próprios líderes nazistas, a Europa ocidental viu-se às voltas com profundos problemas econômicos. Os primeiros meses foram utilizados para a reconstrução das vias de comunicação, a reabertura das minas e dos serviços essenciais. Havia uma intervenção dos governos para controlar as economias. Mas na França e na Itália a inflação levou o governo a um controle maior, e o resultado foi o surgimento de um incontrolável mercado negro, que vendia a preços mais altos as mercadorias que não eram mais encontradas. De um momento para o outro a moeda francesa saltou de 50 francos por dólar para 300, o mesmo acontecendo com a moeda italiana, a lira, que passou de 100 por dólar para 500.

A saída foi a ajuda do governo americano, que, através de seus comandos militares, começou a enviar alimentos para esses países. Em fins de 1945 a ajuda passou a ser feita pela ONU, resultando em fracasso.

Mas o grande problema enfrentado pela Europa ocidental foi a questão da ocupação da Alemanha. Como a desconfiança entre os Aliados já vinha desde as reuniões anteriores, a Alemanha foi dividida em quatro zonas de ocupação.

No tribunal de Nuremberg o julgamento dos altos oficiais nazistas, como Goering, Ribbentrop e Hess, entre outros.

A divisão da Alemanha foi um dos pontos mais altos da divergência entre os Aliados ocidentais e a União Soviética. A Segunda Guerra Mundial cedeu lugar a uma guerra entre o Ocidente capitalista e a União Soviética, socialista.

Essa guerra, que jamais foi declarada e nunca colocou frente a frente os verdadeiros oponentes, ficou conhecida como Guerra Fria, como já dissemos, e é analisada em outro livro desta coleção, intitulado *A Guerra Fria*.

Mas mesmo a Guerra Fria pertence agora ao passado. Com o desmoronamento da União Soviética e o fim do regime socialista, os antagonismos entre os dois antigos blocos desapareceram. Agora, os países enfrentam, sim, um perigo que parece se estender pelo mundo todo, não importando se é, ou foi, socialista ou capitalista. Esse perigo é a miséria. E não há, pelo menos por enquanto, condições de deter o avanço desse perigo.

A Alemanha dividida

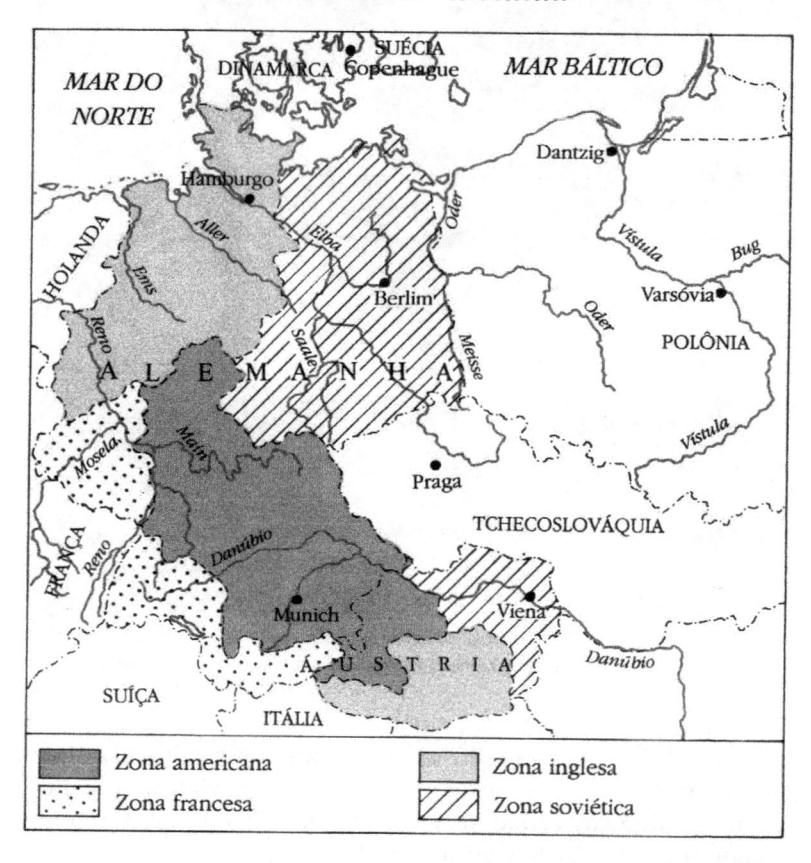

Cronologia

1919	-	Tratado de Versalhes.
1925	-	Tratado de Locarno.
1931	-	Japão invade a Manchúria.
1932	-	Alemanha retira-se da Conferência de Genebra sobre desarmamento.
jul. 1933	-	Inglaterra, França, Itália, Alemanha firmam pacto de paz.
1934	-	União Soviética entra para a Liga das Nações.
1934	-	Início do III Reich.
out. 1935	-	Itália invade a Etiópia.
1935	-	Hitler assina acordo de não agressão com a Polônia.
1936/1939	-	Guerra Civil Espanhola.
7/3/1936	-	Hitler invade a Renânia.
nov. 1936	-	Criação do Eixo Roma-Berlim
nov. 1936	-	Pacto Anti-Komintern.
13/3/1938	-	Alemanha invade a Áustria.
29/9/1938	-	Conferência de Munique.
7/4/1939	-	Itália invade a Albânia.
12/8/1939	-	Pacto de não agressão nazissoviético.
1/9/1939	-	Hitler invade a Polônia.
3/9/1939	-	Inglaterra e França declaram guerra à Alemanha.
17/9/1939	-	União Soviética invade a Polônia.
29/9/1939	-	Invasão alemã em Praga.
30/11/1939	-	União Soviética invade a Finlândia.
9/4/1940	-	Invasão alemã na Dinamarca.
19/4/1940	-	Invasão alemã na Noruega.
10/5/1940	-	Invasão alemã na Holanda.

28/5/1940	-	Invasão alemã na Bélgica.
4/6/1940	-	Retirada de Dunquerque.
18/6/1940	-	O general Charles de Gaulle organiza, em Londres, o Comitê Nacional Provisório dos Franceses Livres.
22/6/1940	-	Pétain assina armistício com a Alemanha.
7/9/1940	-	Alemanha bombardeia a Inglaterra.
6/4/1941	-	Invasão alemã na Iugoslávia.
9/4/1941	-	Invasão alemã na Grécia.
22/6/1941	-	Invasão alemã na União Soviética.
7/12/1941	-	Ataque japonês a Pearl Harbor.
1942	-	Brasil declara guerra ao Eixo.
jul. 1942	-	Hitler transfere seu quartel-general para a Ucrânia.
ago. 1942	-	Aliança entre EUA, Inglaterra e União Soviética.
19/11/1942	-	Vitória russa em Stalingrado.
11/6/1943	-	EUA e Inglaterra invadem a Sicília.
26/11/194	-	Reunião em Teerã.
4/9/1944	-	Aliados chegam a Roma.
6/6/1944	-	Desembarque dos Aliados na Normandia.
20/7/1944	-	Atentado contra Hitler.
1/8/1944	-	Levante de Varsóvia.
dez. 1944	-	Conferência de Moscou.
fev. 1945	-	Conferência de Ialta.
23/5/1945	-	Rendição incondicional da Alemanha.
jul. 1945	-	Conferência de Potsdam.
6/8/1945	-	EUA jogam bomba atômica em Hiroshima.
8/8/1945	-	União Soviética declara guerra ao Japão.
9/8/1945	-	EUA jogam bomba atômica em Nagasaki.
2/9/1945	-	Rendição incondicional do Japão.
nov. 1945	-	Instalação do tribunal em Nuremberg.

Bibliografia

A bibliografia sobre a Segunda Guerra Mundial em português é bastante pobre. A maioria dos livros à disposição do leitor trata dos fatos "pitorescos" do conflito, cuja divulgação maior coube às edições de baixa qualidade das *Seleções do Reader's Digest*. Sem dúvida, a mais conhecida obra editada no Brasil é *Ascensão e queda do III Reich*, de William Shirer. As mais divulgadas ultimamente acompanharam o modismo em torno de Hitler, mas poucas são de caráter mais científico.

Faço algumas sugestões para o leitor que quiser servir-se de livros em língua portuguesa (só um em espanhol). É preciso lembrar que em inglês, francês e alemão existe uma produção muito grande.

COLLIER, Richard. *Duce! Ascensão e queda de Benito Mussolini*. Rio de Janeiro/São Paulo: Record, [s/d]. Um pouco melhor do que a linha sensacionalista de memórias de ex-nazistas é essa biografia romanceada de Mussolini. Trata-se também de um *best-seller*, bom para leitura de cabeceira, mas não deve ser levado muito a sério.

CROUZET, Maurice. *História geral das civilizações*, volumes 15, 16 e 17. São Paulo: Difel, 1963. Uma obra geral e um clássico que merece ser consultado, em especial o volume 16, que trata mais especificamente da Segunda Guerra Mundial.

DEBORIN, G. *La Segunda Guerra Mundial*. Moscou: Ediciones en Lenguas Extrangeras, [s/d]. O subtítulo do livro já aponta a direção das análises: "Ensayo politico-militar bajo la reacción del general Mayor I. Zubkov". Uma obra sob o ponto de vista oficial soviético, mas do período pós-stalinista. Por essa razão, o nome de Stalin chega a ser omitido.

História do Século 20 (enciclopédia semanal), Editora Abril. Apesar de tratar, em suas quase 3 mil páginas, do século XX como um todo, um número considerável de fascículos foi dedicado à Segunda Guerra. Publicação importante e de leitura obrigatória.

NÉRÉ, Jacques. *História contemporânea*. São Paulo: Difel, 1980. Dedica o último capítulo do livro (cerca de 25 páginas) à Segunda Guerra Mundial. Simples relato factual.

SCHNAIDERMAN, Boris. *Guerra em surdina*. São Paulo: Brasiliense, 1985. Crônicas de um pracinha brasileiro que foi para a Itália lutar contra os alemães. A alta qualidade literária do professor Schnaiderman ajuda, em muito, a compreender os sofrimentos e as agruras dos brasileiros na Segunda Guerra Mundial.

SHIRER, William L. *Ascensão e queda do III Reich*. Rio de Janeiro: Civilização Brasileira, 1967. Talvez um dos mais famosos livros em língua portuguesa sobre a Segunda Guerra Mundial. Na verdade, trata somente da parte europeia da guerra, como o próprio título sugere. O jornalista Shirer acumulou uma série de experiências como correspondente americano na Alemanha até a entrada dos EUA na guerra. Depois, passou um bom período pós-guerra escrevendo sua famosa obra.

SPEER, Albert. *Par dentro do III Reich – Anos de glória*. Acompanhando a moda sensacionalista, que sazonalmente traz Hitler e a Alemanha nazista à tona, a Editora Artenova lançou em 1971 este *best-seller* do nazista Albert Speer, o chamado arquiteto do III Reich. É bom lembrar que Speer foi, além de arquiteto, o ministro do Armamento no período em que o Reich de Hitler começava a afundar.

TAYLOR, A. P. *A Segunda Guerra Mundial*. Rio de Janeiro: Zahar, 1964. O tradicional historiador inglês preocupa-se em analisar nessa obra as condições históricas que desencadearam a Segunda Guerra Mundial.

THOMSON, D. *Pequena história do mundo contemporâneo*. Rio de Janeiro: Zahar, 1967. Outra obra de caráter geral. Factual, mas consultável.

TULLY, Andrew. *A batalha de Berlim*. Lisboa: Edição Livros do Brasil, 1963. Uma reportagem romanceada dos últimos dias de Berlim sob o cerco do fogo do Exército Vermelho.

Discutindo o texto

1. Caracterize a situação internacional que minava a aparente calma mundial após o Tratado de Locarno.

2. Justifique a instalação e o crescimento do Estado militarista alemão, relacionando-o aos interesses dos consórcios capitalistas.

3. Indique as razões que concorreram para o estabelecimento da "política de apaziguamento" e quais os reflexos dessa atitude para o avanço nazista.

4. Demonstre como a Conferência de Munique alterou as relações internacionais, contribuindo para o fim do isolacionismo da União Soviética em relação à política europeia.

5. O que foi a "guerra-relâmpago" e quais as consequências para a Polônia?

6. Por que foi imperativo para a Alemanha a ocupação do Báltico logo no início da Segunda Guerra Mundial?

7. Considerando a estratégia militar adotada pelo governo francês, comente a invasão alemã na França.

8. Em que medida a dominação dos Balcãs era importante para a consolidação da teoria do "espaço vital"?

9. Explique a aliança da União Soviética com os países imperialistas.

10. Indique a importância da batalha de Stalingrado para a definição do conflito mundial.

11. Comparando a Resistência francesa à Resistência iugoslava, aponte a importância desses movimentos para o desenrolar do conflito na frente ocidental.

12. Justifique a presença dos Estados Unidos na Segunda Guerra Mundial.

13. Quais os interesses que levaram os países beligerantes a disputar territórios no continente africano? Qual a importância estratégica para os Aliados em "libertar" essas regiões?

14. Analise a mudança de posição dos capitalistas germânicos, durante o período da Segunda Guerra Mundial, considerando seus interesses diante da nova realidade gerada pelo próprio conflito.

15. Explique por que a União Soviética não apoiou os comunistas gregos após a expulsão dos nazistas da Grécia.

16. Identifique a importância da Conferência de Ialta para o desenvolvimento das relações internacionais, destacando a posição da União Soviética.

17. Compare a Primeira Guerra Mundial à Segunda Guerra Mundial, apontando as principais diferenças.

18. Partindo da análise feita pelo autor, estabeleça a relação entre a política internacional desenvolvida pelos EUA no Ocidente e a desenvolvida pela URSS no Oriente depois de 1945, destacando as consequências dessa situação.